U0021037

大是文化

小学生から自学力がつく!

陪小孩讀書 爸媽需要神救援

功課寫很慢、老錯同一題、上了安親班還是跟不上？
東大爸爸自創高效陪讀法，不用逼，自動用功到大學。

東大考試專家、Plus T 教育研究所老師
指導中小學生超過十五年
清水章弘、八尾直輝——著
黃怡菁——譯

CONTENTS
目錄

第1章

不用拚命刷題，也能拿高分 ……33

第 2 章

跟東大爸爸學超強數學力

第 3 章

從生詞到閱讀，強化國語文能力

第5章

新型考題的準備訣竅 ……167

第6章

一句話神救援，孩子寫作業不拖拉 ……221

推薦序一

這本書，讓你成為孩子的神救援

《小學生年度學習行事曆》作者／林怡辰

「看孩子寫功課，我血壓都要飆高，快斷氣了！」、「拜託老師幫我跟他說回家要念書！」、「算了，孩子乖乖的就好！放棄學習也沒差！」

我在國小教學現場擔任教師長達 20 年，遇過很多無助的家長，也常常徵得家長同意，讓孩子在週三下午留校。結果，往往在家寫功課要三、四個小時的孩子，不僅一個小時內就完成，數學還第一次考到了滿分，因此有些家長甚至拜託我每週都將孩子留校。只是，教育需要家庭和學校配合，光靠學校是治標不治本。

而我閱讀這本《陪小孩讀書，爸媽需要神救援》後，發現許多方法都很實用，對於怎麼協助孩子、讓孩子在家培養良好的念書習慣，不只治標，更能幫助孩子一路成長、獨立自立，家中有學習階段孩子的家長，請勿錯過！

特別的是，這本書也很好讀，一開始就點出重點：既然要讓孩子獨立，家長就要勇敢放手，例如：讓孩子自己先解題思考，20 分鐘後才能發問，因為重點是孩子要發展能力，而不是答對就好；還有，作者獨創的 ZCBA 學習 4 階段，也告訴家長改變非一時一刻；從完全不懂、須從旁協助、自己找答案、看完題目就會寫，有順序的列出各個階段，讓家長依孩子的狀態，找到對應的方式。

接下來，更是從數學、語文、英文，列出常見的痛點和學習訣竅，並將視野放遠至新式題型，包括 108 課綱的素養題型：長文、圖表、符號、資料等，讓孩子不會只是死讀書，而是能充分理解、彈性變通、綜合運用，真正可以解答問題。

即便是再忙碌的家長，也能利用一些溝通說話技巧，啟動孩子的思考力和動機。例如：孩子題目寫錯卻完全不懂時，一句「我們來查課本第幾頁」，就提示了方法。當孩子卡關，自暴自棄甚至遷怒時，爸媽則可以說：「要不要換個方式試試看？」

還有，不要說「你好棒」，而是「你真的很努力，如果明天也可以早起，那爸媽就輕鬆多了」，一邊稱讚，一邊偷渡目標，給個身分認同，家長會更加輕鬆。當然，孩子有各種類型，針對目標型、管理型、競爭型、社交型（請參閱第 231 頁），不同孩子的對話內容也需要調整。

此外，書中也針對檢討考試，分享了正向提問法：「這個題目是從哪裡出來的？」、「為什麼會寫錯？」、「該如何解題，才能答對？」這樣的問法，是不是讓孩子很能接受？甚至從結果導向思考下次該怎麼正向努力。書中也提供了對話脈絡，請大家務必試試，練習對孩子說這些正向引導的語言。

這本東大爸爸親身實踐的高效陪讀法，並不是只有解題、速效，而是培養孩子表達、思考、邏輯的能力，成績當然也水到渠成。當家長就是不斷學習的過程，換個方式，成為孩子的神救援吧！

推薦序二

陪讀 know-how 早知道，爸媽不會再抓狂

中原大學教育研究所副教授／簡志峰

這次很高興收到大是文化的邀請，來推薦《陪小孩讀書，爸媽需要神救援》。本書兩位作者是長期鑽研讀書方法的老師，也是日本的教育及考試專家，自創立 Plus T 教育研究所以來，指導中小學生至今已超過 15 年。因此，在本書中，他們也**為許多孩子和家長的常見問題，提供了最佳方針**。

作者一開始就指出，孩子常常看完題目，想都沒想就直接說我不知道；寫完測驗題不檢查，又常粗心寫錯，或是遇到不會的就直接抄答案。此時，爸媽可以先陪孩子做到以下 3 件事：

1. 了解讀書的本質：家長與小孩一起探討，了解為何要讀書和學習。

2. 從經驗中獲得學習：鼓勵孩子動手做，例如問孩

子：「要不要試著動手做屬於自己的機器人？」

3. 建立良好的自學習慣：帶孩子規畫自己的時間。

然而，在強調自主學習的同時，許多家長卻忽略了一個重點，孩子如果完全不懂，如何能自學？作者獨創 ZCBA 學習 4 階段，從完全不懂到看完題目就會寫，家長只要依孩子的狀態，協助他漸入佳境即可。

日本和臺灣一樣，高度重視國、英、數三科，但長年以來的教育政策下，卻常淪為考試導向。而**針對主科，作者也列出了 5 種小學必備的數學力、3 大語文力及 4 項學英文的訣竅**，並用 ZCBA 圖解，讓家長可以很快的依孩子的學習狀態，即時給予最合適的支援。

不過，由於東方教育非常重視考試，臺灣在 108 新課綱的教改下，儘管提出了素養學習，卻仍難以跳脫窠臼，所以用考試來測驗孩子的思考探究力、整合能力、跨域能力，其實反而變相增加了考試的難度。

姑且不論這樣的教育政策合適與否，作者在書中也以多篇測驗範例，以及新型考試的準備訣竅，教爸媽如何面對考試大魔王。家長們只要願意閱讀，相信每位父母都能在孩子讀書時提供神救援。

我特別喜歡這本書所整理的對話範例，因為當孩子受到鼓勵和支持，並了解爸媽是自己永遠的避風港和基石時，這不僅能增加孩子的安全感，未來即使遇到挫折，他也不會輕易受到打擊。最重要的是，**透過這些正向提問，能有效避免親子之間的情緒性發言**。

此外，我也很喜歡書中作者分享的一句話：「困境使人思考。」這讓我想到，我的孩子很喜歡漫畫《鬼滅之刃》中主角竈門炭治郎的日輪刀，但這套玩具要價新臺幣 3,500 元，結果他就自己上 YouTube 找影片研究。

現在，他已經可以自己改良創造，並且做了好幾個拿來送人。困境使人思考，若是我的孩子一開始要求，我就買給他，他根本不可能做出自己喜歡的玩具，也就少了自主思考的機會。

整體而言，我覺得這是一本值得每位家長閱讀的好書，特別是家裡有中小學的小孩，更應該仔細閱讀。該如何培養孩子自學、與孩子溝通對話，這本書就像在汪洋大海中的燈塔一樣，指引著各種 know-how，誠心推薦給每位希望孩子可以開心成長並有效學習的家長們。

前言

自學力，翻轉成績的關鍵

「才看完題目，孩子想也不想，馬上就說我不會！」

「寫完測驗題就放著，不檢查也不對答案。」

「遇到不會的，直接翻解答抄答案。」

上述這些都是許多家長曾向我們求助過的問題。總的來說，孩子的態度懶散、念書老愛拖拉，是絕大多數家長最煩惱的問題。這樣的煩惱，身為補習班老師，我們非常能夠感同身受。

自創立 Plus T 教育研究所以來，我們幫助各種各類的孩童參加考試，至今已超過 15 年。從過去的經驗，我們敢斷言，「自己想題目、找答案」，這種能夠自主學習的能力——「自學力」，是影響孩子學力表現的重要關鍵。

比方說，小學 3 年級開始上補習班的孩子當中，只有一部分的學童會認真讀書。

但是，一段時間之後，能夠自己念書、不懂就自己找答案的孩子，在學力方面進步的速度，幾乎是突飛猛進，令人刮目相看。

就算日後成績下滑，到了小學 6 年級，這些孩子仍具備足夠的實力來面對考試。這一切的關鍵，就是自學力。

決定成績的關鍵，在於自學力！

事實上，這種學習法不只適用於各種入學考試，到了高中、大學，甚至未來就業，可說是人們一輩子都會用到的重要能力。

只會抄答案，新型試題跟不上

尤其近年來，私中入學考試[1] 的難度逐年提高，再加上大學入學考試制度的改革，以往強調填鴨式，也就是死背硬記的讀書法已不再適用；反而是新型試題有大幅增加的趨勢，而且涵蓋範圍又更廣、更多元。

但不論哪一種，都是以考生能夠獨立思考為主要訴求，因此，即使面對不同類型的考題，也要能靈活解題，這將成為今後各階段入學考試的重點。

而要破解新型試題的最有效方法，就是「自主學習」。擁有自學力的孩子，會把自己查資料、找答案當作一種習慣，並藉由累積「我知道了」、「我懂了」的正向體驗，增加自己的自信。未來，當他們遇到難解問題時，也不會輕易退縮或放棄。

另一方面，遇到困難的題目時，總是認為「反正我一定會答錯」、「我就是不懂」，很快就去翻解答照抄的孩子，相對就無法培養出自學力。

長期下來，孩子們除了會失去自信與幹勁，升上國中

1　私立國中的入學考試，臺灣的應試時間大多從每年 3 月開始，但依各地區而有所不同，目前已有部分縣市停止辦理私中入學考試。

以後，往往也很難取得好成績。錯誤的學習方式所造成的影響，在國、高中又更為顯著。因此，請務必幫助孩子建立自學能力，並讓他的潛力得到最大的發揮。

本書會用淺顯易懂又具體的方式，幫助你的孩子培養正確的讀書習慣，並藉由累積「我懂了」、「我會了」的正面體驗，強化孩子的自信。例如：正確的念書方式、父母如何引導孩子學習，以及從旁協助的訣竅等。

每一個孩子剛站上起跑點時，其實大家的學力並無差異。但是，之後的成長幅度，卻會依自學力的程度有極大的差異，甚至影響往後的人生。

因此，在好奇心與求知慾最旺盛的小學時期，請務必讓他們靠自己解開難題、找答案，並且累積成就感。

我們真心期望所有的孩子都能體會這股喜悅。

透過這本書，也希望在求學路上，為所有的孩子及父母獻上我們最誠摯的聲援！

序　　章

陪小孩讀書，爸媽需要神救援

1 逼孩子先解題，20 分鐘後才能發問

我們在前言提到，自學力的好壞將會大大影響成績。所謂的自學力，是指主動學習，遇到不懂的問題，會自己找答案並深入探究的能力。

那麼，具體來說，當孩子提升自學力，會產生什麼樣的變化？

接下來，讓我們以實例說明，自主學習能為孩子帶來哪些好處。

靠自己解題，數學從墊底到 80 分

小豪的個性開朗樂觀、會積極提問，但在遇到難題時，往往無法靠自己解決。

例如，寫不出答案或是計算失誤時，小豪總是無法做到下述兩個步驟：

- 回頭檢查作答。
- 自己對答案並找出寫錯的地方。

於是，我們制定了一項規矩：**在教室自習的時候，在一定時間內（20 分鐘），必須先靠自己想辦法解題**（超過時間才可以提問）。

執行這項規矩之後，小豪開始習慣了先試著自己對答案，並從中找出寫錯的地方。漸漸的，計算失誤也減少了。

剛升上小學 6 年級時，小豪在私中入學考古題測驗中，數學原本只能拿到 2 成左右的分數，但是到了學期末，他已經可以穩拿 8、9 成的分數。

做好預習，國語輕鬆拿高分

國語總是考不好的阿雅，在小學最後一年加入補習班。當時偏差值[1] 只有 30 的她，可說是一點自信也沒有。因此，我們決定先幫助阿雅建立起預習的習慣。而後，阿雅僅靠著「課前預習、自己找答案」，國語的偏差值成功突破 60。

1　指相對平均值的偏差數值，是日本人對於學生智能、學力的一項計算公式值。偏差值 60，即代表成績比平均高；通常以 75 為最高值，25 為最低值。

到補習班上課也沒用？

阿凱曾到大型連鎖補習班上課，但是成績常常不盡理想。於是，我們針對他的狀況，加以分析之後，發現以下兩項重點：

- 遇到較難的題型就會停下來，不知道該怎麼辦。
- 讀書計畫一旦延宕，進度就整個跟不上。

而後，透過量身打造的指導與訓練，以及阿凱自己的努力，不僅讀書方式大幅改善，成績也逐漸有了起色。升上國中後，阿凱的學習也非常順利。

自己對答案，考上名校

從來不對答案、也不會訂正錯誤的莎莎，一直對成績停滯不前感到很苦惱。在小學 5 年級的時候，莎莎加入了補習班，我們耳提面命的告訴她，考完試自己對答案真的很重要。

後來，到了暑假尾聲，她不僅能夠自己對答案、訂正錯誤，學力表現也突飛猛進。

最後，莎莎還順利考上了知名私立中學。

最無效的念書法：刷題

俊傑剛到補習班時，他表示自己一直都很用功，但是成績卻不見起色，而且已經持續好一段時間。

我們進一步詳談之後發現，俊傑以為念書就是不斷的寫題目，也就是「刷題」。

大量做測驗題，卻沒有真正了解題目的含意，也難怪他的實力無法提升。

於是，我們重新教導俊傑正確的讀書方法與心態，並幫助他提高學習效率。

重點在於，**自己對答案與找出問題**。

對症下藥之後，俊傑的學習有了大幅改變。

現在，在課堂上，對於老師授課的內容，若是遇到不懂的地方，他已經可以自己思考：「這段內容是什麼意思？」並且靠自己找出答案。如此，不只增強了俊傑的求知慾，他的成績也有顯著的進步與成長，最重要的是，俊傑變得更有自信了。

2 「加油，再試試！」是無用的鼓勵

你知道孩子每天念書的情形嗎？

如果，孩子寫完測驗題以後就放著不管，對答案也只看對或錯，根本不看解說；甚至遇到不懂的，竟想也不想就直接抄解答。

如果你的小朋友有上述情形，就要特別注意了——這是警訊。

因為，這樣的方式並無法讓孩子真正體驗到「我懂了」、「我會了」，也很難自己去找出答案；久而久之，孩子無法明白學習的樂趣，讀書時只會越來越不情願，求知慾也會越來越低落。

想要增強自學力的第一步，就是要讓孩子多加累積靠自己找到答案——「我懂了」、「我會了」的正向體驗。

這個過程雖然比較耗時，有些家長甚至會認為這是繞遠路，但是請你相信孩子成長的力量，這些正向體驗將會帶來非常顯著的改變，其效果也會著實反映在成績上。

前面提到，讓孩子自己去摸索答案，這將會增加他們的自信心，並提升學習意願。

而其中，父母能否依孩子的程度，適時伸出援手就是非常重要的課題。在 Plus T 教育研究所，我們將學習程度分成以下 4 個階段（見下方圖表 0-1）。

能夠達到融會貫通、迎刃而解的 A 階段，相信是所有父母的理想吧！不過，以一般家庭而言，我們會建議先以 B 階段為目標就可以了。

之後，父母再因應不同階段來給予不同的協助（支援），如此便能讓子女持續累積自信心。實際的執行方式，我們在第一章就會加以說明（請參閱第 47 頁）。

圖表 0-1　學習分 4 階段

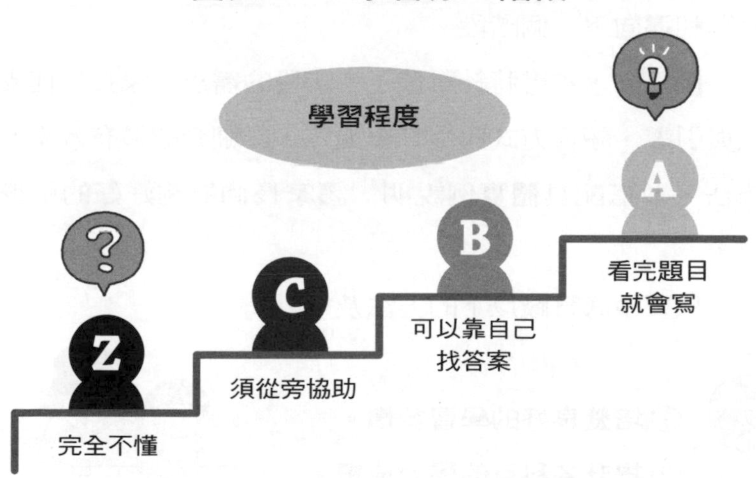

另一方面，你是否有注意過，孩子在哪些時候會表現出「做了也沒用」、「我辦不到」的消極態度？

會有這樣的表現，原因之一是小朋友不知道該怎麼做，又或者雖然知道方法，但是認為自己做不到。

請記得，當學生有上述情形時，家長對孩子說「你要靠自己去做」、「加油，再試試看」，這些話是沒有任何幫助的。

如果家長鼓勵很多次，孩子卻總是表現不好（甚至是無法完成應有的水準），那麼爸媽就要意識到，孩子目前的程度可能是 Z（完全不懂）、頂多是 C（須從旁協助）。此時，唯有透過父母適當的提醒與引導，才能讓子女順利邁向下一個階段。

接下來，本書將針對孩子各階段的需求、家長如何支援與引導、讀書方式與提升學力等，詳細介紹最有效率的方法，並搭配具體實例說明，讓家長們能夠好好的引導孩子。

只要徹底實踐以下的方法及重點——

① 培養良好的學習習慣。

② 提升各科目的學力成績。

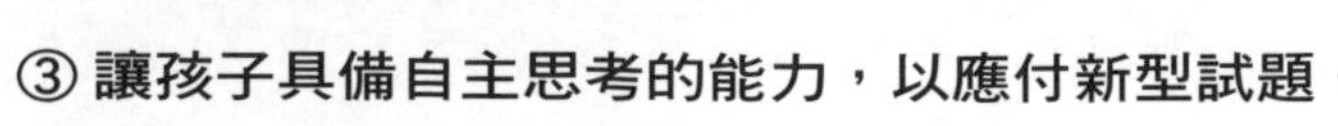

③ 讓孩子具備自主思考的能力，以應付新型試題。

上述 3 項除了能讓家長與孩子真實有感，孩子的自學力也會有顯著的成長。圖表 0-2 是學生在各個階段所需要的協助，請家長務必參考。

圖表 0-2　ZCBA 各階段的引導方式

孩子的狀態	必要的協助
Z 完全不懂。	需要有人仔細教導正確的做法。
C 須從旁協助。	耐心陪著孩子一起做，一步步的引導。
B 可以靠自己找答案。	試著讓孩子自己找答案，再根據結果給予回饋。
A 看完題目就會寫。	當孩子主動求援時，再給予建議即可。

3 請家長耐心待在「守護區」

孩子的讀書效率很差，是許多家長無可避免的問題。

比方說，會花費很多時間寫筆記，非得把筆記寫得很工整；做數學題目時，明明只要套公式就可以快速解題，卻非得把每個步驟、算式都寫出來；有些作業明明可以提前準備，卻非得拖到火燒屁股，才慌慌張張的開始做。

有些孩子或許是真的很認真，但是這些事情看在父母眼裡，往往只覺得很沒有效率；應該不少家長都會想「真希望孩子能好好善用時間」、「要把認真用在對的地方」，甚至因此感到焦慮吧！

不過，我們還是建議家長要盡量站在孩子的角度來思考，如果子女願意花時間去做的話，其實就放手讓他們去做就好。

我們將這個階段稱為「守護區」，當孩子不順利的時候，這時的家長**只要給予基本的鼓勵即可**，例如：「**下次要不要試試看這樣做，會有改善！**」

不過，假使對於家長提出的念書方式，孩子們並不認同，只是基於父命／母命難違而照做，如此並不會讓孩子產生「我懂了」、「我會了」的成就感。

實際上，就是要**讓孩子親自花時間、親身去體驗失敗**，才能真正跨越一道坎、邁向下一階段。雖然這看似繞遠路又花時間，但是以結果來說，這樣的孩子更能學會有效運用時間，其進步也能夠更順利（「守護區」更多詳細說明，請參閱第 60 頁）。

第一章

不用拚命刷題，也能拿高分

1 刷題，不等於念書

在本章節，我們將說明如何提高自學力，以及如何養成良好的讀書習慣。

首先，我們要再次強調，**培養自學力的最佳捷徑，就是讓孩子不斷說出「我懂了」、「我會了」**；這將能增加孩子自信心和積極性，並且提高自主學習、查資料、找答案的能力。以下為培養自學力的 3 項重點：

① 了解讀書的本質。

② 從經驗中獲得學習。

③ 建立良好的習慣。

接下來，讓我們進一步說明。

家長最常提出的煩惱，有下列 3 種情形：

- 寫完測驗題之後，不會自己對答案。
- 訂正完考卷，答錯的題目就放著不管。
- 如果答錯了，只會用紅筆把答案抄在筆記上。

你家的小朋友又是如何呢？實際上，上述這 3 種狀況根本不是真正的念書，頂多只能算是刷題。最主要的原因在於，孩子只是寫完很多測驗題，但並沒有找出自己真正不懂的地方。

了解念書的本質，這對於學習是非常重要的。

在本書中，我們也一再強調，**找出不會的，然後把不懂的搞懂，這個過程才是真正的學習。**

而從不懂到懂，一般會經歷以下兩個階段：

Step ① 明確知道自己哪裡不懂。

step ② 透過學習，搞懂自己原本不會的地方。

請看下頁圖表 1-1，以寫測驗題為例，從下圖的流程對照，即可看出念書與刷題的差異。

真正的念書，重點在於把「不懂」變成「懂」。以圖表 1-1 來看，左邊都只是刷題，右邊才是真的融會貫通。因此，就算孩子卯起來寫題庫，但是沒有把不懂的部分學起來，就等於沒有念書！

寫完測驗題之後，自己一邊對答案，一邊找出不懂的地方，這才叫真的念書。

圖表 1-1　念書與刷題的差異

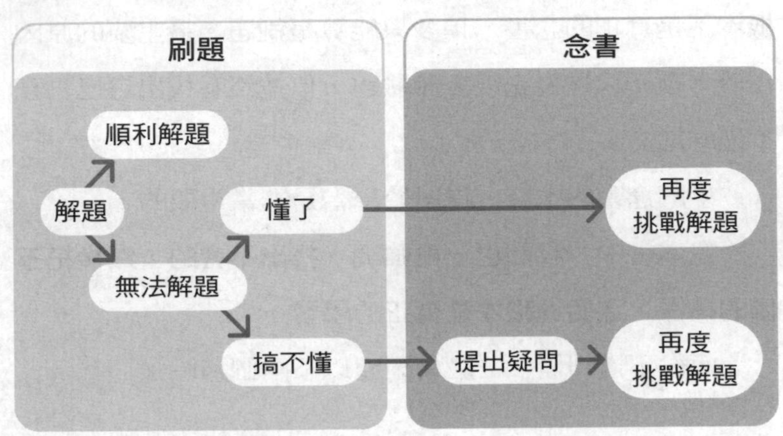

CHECK

徹底找出自己哪裡不懂，然後把這些不會的地方搞懂，這才叫念書！

2 直接抄答案，不是真用功

在小學階段，及早讓孩子認知到考試不是只有寫考題，這對將來上國中、甚至是未來每一個階段的學習，都非常重要。

然而，只注重刷題，會產生什麼樣的後果？除了孩子本身的知識量無法增加，更嚴重的是，會讓學生以為拚命刷題就是用功。

一旦孩子的觀念不正確，就算之後想在考前衝刺一波，也無法得到好的成績。如此一來，孩子自然會喪失信心與幹勁。這在教育心理學，被稱為「習得性無助」（Learned helplessness），也就是孩子會根深蒂固的認為做了也沒用。這在學習態度上，是非常需要注意的一個警訊。

因為錯誤的學習方式所帶來的影響，到了國、高中之後，只會越來越顯著。

此外，在準備私中入學考試時，由於學習量大增，孩子會倍感壓力，而且隨著時間倒數，甚至有不少孩子在面對寫測驗題時，會出現「不思考、直接抄答案」的情形。

一旦養成這種壞習慣，就算孩子順利通過考試，之後升上國中、甚至到了高中，也很難修正回來。很多學生一開始成績很好，但升上國中之後卻每況愈下，就是最典型的例子。

徹底執行課前預習，偏差值突破 60

以我們的學生為例，有位小學 6 年級的女同學，她非常不擅長國語。剛加入補習班的時候，她的國語偏差值只有 30，對讀書也完全不竅一通。

於是，我們教導她先從課前預習開始，靠自己找出問題點與答案。而後，到了學期末，她的國語偏差值已經突破 60。

換句話說，善用課前預習，讓學生在上課前先找出哪裡不懂，並且靠自己去找答案，能幫助孩子培養自學力。

此外，自主學習所帶來的好處，並不僅限於課業方面。有些孩子原本連話都不太會說，經過一年之後，口說能力也大幅成長了。

我們相信這樣的孩子升上國中之後，必定也能有良好的學習表現。

> **CHECK**
> **直接抄答案，完全不叫「用功」。務必趁早改正，才能事半功倍。**

3 引導孩子自己找答案

「孩子念書總是拖拖拉拉！」

「明明只要看解答就能明白，孩子就是不看！」

「就算我叫孩子自己去查，但他就是不聽話！」

上述狀況是家長最常抱怨的話題。如果遇到不懂的問題，沒有先自己查資料、找答案，那麼就算孩子當下通過考試了，成績依然無法有好的表現。

其實，**靠自己查資料、提問找答案，是最重要的**。若能視情況相互妥善運用，所有難題都能迎刃而解，也才能提升念書的品質。

如果孩子一直做不到的話，該怎麼辦？有些家長或許會認為：「反正孩子會提問，不就夠了嗎？」但是，孩子不可能永遠只靠別人，所以相對來說，靠自己想辦法找答案是比較有效率的方式。

因此，在遇到難題時，不要讓他們在第一時間就想著問別人，而是先讓孩子試著想想看：「這個問題我能不能靠自己解決？」如此培養靠自己查資料的習慣，絕對是有利無弊！

以下是引導孩子自己找答案的兩個方法：

① 看解答的解說。

② 用字典、筆記、課本等查資料。

父母可多多利用上述兩個方式，來提醒、引導孩子，並藉此養成靠自己找答案的好習慣。

相關情境範例如下：

「這題我不懂，媽媽教我！」

「你看過解答了嗎？」

「上課的筆記也看了嗎？」

「我看過解答了，但還是看不懂。」

「哪裡看不懂呢？」

「要不要先去查查看〇〇（單字）是什麼意思？」

・確認狀況

「哪裡不懂？」

「你看過解答了嗎？」

「同樣的題目再做一次，還是不會寫嗎？」

・教導查資料的方法

「我們來查查看吧！」

「要怎麼查資料，才最有效？」

「用手機查查看吧！」

・帶著孩子一起做

「媽媽會先用網路查詢。」

「我們一起來想一想吧！」

一寫完題目，就要對答案

在我們的班上，也有學生不習慣訂正錯誤。他們總是不肯自己對答案，遇到不懂的問題就直接看解答，但也因為成績始終沒有起色，所以他們自己也感到很煩惱。像這樣的孩子，就有必要加以引導並訓練。例如：

「好比打棒球，『知道擊出全壘打的方法』與『實際擊出全壘打』是兩回事，對吧？我希望你們在看過標準解答的解說之後，實際再去挑戰一次解題，看看自己是不是真的懂了。」

「小考如果有題目不會寫，那就代表你還沒有真正搞懂。看過標準解答之後，大家要不要試著再思考一次解題方式？」

（此時，從學生中傳出了「知道了」的回應。）

「趁著剛寫完題目、理解力正好的時候，大家趕快來對答案，一邊看著標準解答，一邊確認自己的理解是否正確吧！」

就像這樣，我們會不厭其煩的用各種方式引導學生。一開始，孩子們確實會面露不耐，但經過半年左右的時間，大家的態度都有了明顯的變化。尤其到了暑假尾聲，學生們都會自己對答案。

之後，大家的成績不僅有顯著的進步，也都順利通過私中入學考試，有些同學甚至考上了明星學校。

這些成功案例也讓我們再度確信訓練學生自己對答案，真的很重要。

連孩子自己都找不到問題點？

還有一點要特別注意，那就是——連孩子自己也不知道到底哪裡不懂。

這種時候，家長不能對孩子說「自己去查查看」，而是應該先由大人協助判斷，孩子可能會看不懂哪些地方。

然後，給予一些提示，例如：「查查看課本第〇〇頁！」

儘管這可能會花點時間，但是**由家長親自為孩子指點迷津，是最好的引導方式**。

當然，家長也是得花費不少功夫，才能找到提示並給孩子提點。因此，我們更建議爸媽與孩子一起思考、查資料，這樣的效果是最好的。當父母能以身作則，孩子自然也會想要效法，這就是最棒的身教。

CHECK

主動詢問孩子的狀況，並引導他們學會靠自己查找資料，便能建立自主學習的習慣。

4 ZCBA 學習 4 階段，墊底變學霸

當孩子學習卡關時，家長除了要給予鼓勵之外，還要帶著子女一起思考、找答案，才能得到最好的成效。

但是，長期持續不間斷的陪伴孩子，其實非常勞心又勞力。

「到底要到什麼時候，他才能自己念書？」

「他一直都在同個地方鬼打牆！」

「我真希望他能試著自己想一想！」

許多家長都曾如此抱怨過。

從不懂到懂，這本來就無法一蹴可幾，需要花費相當的時間、經歷各個階段，最後才會越來越接近成功。儘管如此，多數家長看到孩子學習卡關的時候，難免還是會忍不住脫口抱怨：「這麼簡單，你怎麼還不會？」

我們將孩子從不懂到懂，也就是學習狀態，概分為 4 個階段。

每一個階段都有不同的應對方式及方法，請參考右頁圖表 1-2。

圖表 1-2　什麼是 ZCBA？

孩子的狀態	必要的協助
Z 完全不懂。	需要有人仔細教導正確的做法。
C 須從旁協助。	耐心陪著孩子一起做，一步步的引導。
B 可以靠自己找答案。	試著讓孩子自己找答案，再根據結果給予回饋。
A 看完題目就會寫。	當孩子主動求援時，再給予建議即可。

Z，是指「完全不懂，也不知道該怎麼做」的狀態。

在這個階段，最好盡量用實際且具體的事物來輔助說明，並藉此教導孩子正確的方式。還有，確實向孩子說明讀書的好處也非常重要。例如：

「如果學會靠自己對答案，你就會越來越知道該怎麼讀書！」

就像這樣，爸媽可以因應各階段，給予不同的支援方式。

C：**代表孩子似懂非懂**。在這個階段，孩子仍然無法只靠自己完成查找答案的任務。

不要說是靠自己了，連自己對答案、自己訂正，也可能都還做不到。

此時，孩子仍然需要家長或老師從旁協助。然而，這個階段往往也是最花費時間的時期，因此請家長務必要有勞心勞力的覺悟。

B：**已具備一定程度的能力**。這階段的孩子已經可以靠自己找資料、對答案、訂正錯誤。就算偶爾失敗，也能從中汲取經驗、獲得成長。

在這個階段，基本上家長可以放手讓孩子自己去做，只要在關鍵時刻給予回應與鼓勵，孩子就能迅速成長茁壯。

A：**面對任何難題，都能迎刃而解**。家長已經可以完全放手，不用時常過問學習狀況。到了這個階段，家長只需要靜靜守護，當孩子主動求助時再協助即可。

圖表 1-3　學習要分階段引導

根據學習狀態，可以分為 4 階段。因應孩子的狀況，給予適當的支援吧！

5 確認孩子的強項與弱科

為什麼要將念書分成 4 個階段？這是因為，從指導者的立場來看，我們認為孩子的學習一定要循序漸進，不能任意跳級。

比方說，我們很常遇到家長抱怨：

「我明明有教他，但他就是聽不懂也學不會，真的很困擾！」

然而，當我們進一步詢問之後，發現該名家長的孩子還處在 Z 階段，對方卻認為仔細教導正確做法之後，就可以跳過 C 與 B，讓孩子直接進入 A 階段（或說家長自己期待）。

事實上，**家長不應該任意跳過任何階段。因為這兩個階段對於孩子，有著不可或缺的重要性**。

比方說，孩子早上總是起不來，光是對他說：「記得調鬧鐘，鬧鐘響了就趕快起床！」便期待他隔天就能早起，這非常不切實際吧？因為，就算孩子調了鬧鐘，仍然有很大機率會賴床。

想要實現早睡早起，除了前一晚要讓孩子早點上床睡覺之外，大人也得營造容易早起的環境，例如：設定鬧鐘、親自叫孩子起床，這些都是家長不能省的功夫。

各階段的注意事項

接下來，是針對進入各階段，要特別注意的事項。

從 Z（完全不懂）到 C（須從旁協助）

在教導孩子的時候，須由家長親自示範。一邊示範，一邊注意孩子的表情，**如果孩子面露困惑，就必須多示範幾次**。

有時，孩子們會反射性的回答「懂了」，此時家長也要仔細觀察孩子的表情及動作。

除此之外，也要一併告訴孩子學習的意義與重要性。比方說，三位數的計算，家長除了教導加減乘除之外，也要告訴孩子：「**計算是所有的基礎，計算的速度越快，之後你學數學就會更輕鬆！**」

不過，由於許多孩子無法一次就聽明白，因此就算進步到 C 階段以上，家長也還是要常常提醒。

從 C 到 B（可以靠自己找答案）

先仔細設定家長介入的時間點，之後再循序漸進的**以慢慢減少介入為首要目標**。以三位數直式計算為例，孩子學會一位數的計算之後，就可以挑戰二位數。

當孩子已經可以靠自己答對二位數計算，就可以準備邁向下一個階段。這時要特別注意的是，**若孩子主動表示「想要自己做全部的計算」、「希望爸媽不要插手」時，這就代表孩子可以邁向 B 階段。**

從 B 到 A（看完題目就會寫）

當孩子可以靠自己完成三位數計算時，基本上家長就可以開始放手。

例如，每天要完成 5 道測驗題，那麼孩子獨立完成之後，才是家長可以介入的時間點。

如果發現解題方式有誤，此時就可以予以解說或提醒，或是鼓勵他以加快計算速度為目標。

等到家長完全不用催促、孩子會主動讀書時，就是邁向 A 階段的最佳時機。

還有，有些孩子遇到自己擅長的科目，很快就能從 Z

圖表 1-4　以三位數計算為例

孩子的狀態	必要的協助
Z	教導三位數計算的規則。必要時，也要複習基礎的加減法。
C	仔細示範三位數計算的方式，與孩子一起練習。
B	試著讓孩子自己做三位數計算，再依據其表現給予回應，也可以將實際計算的時間記錄下來。
A	讓孩子自己做三位數計算，如果始終無法縮短計算的時間或是有開口求助，家長再教導其他計算方式。

突飛猛進至 A 階段。

例如，很擅長數學的孩子，光是聽懂三位數計算的規則，很快就可以靠自己完成計算式。再以運動來比喻，有些運動神經發達的學生，光是看教練的示範動作，很快就可以做出一模一樣的動作。像這種情況，孩子只要是遇到自己擅長的項目，其成長進步的速度，簡直可以用飛快來形容。

換句話說，好好觀察孩子的強項與弱科，再給予適當的支持，並配合學習 4 階段，確實掌握孩子每一個階段的狀況，這點非常重要。

圖表 1-5　各階段的注意事項

Z → C → B → A

【從 Z 到 C】

一定要親自示範，
並告訴孩子其意義與重要性。

例如，告訴孩子：「計算是所有的基礎，計算的速度越快，之後你學數學就會更輕鬆！」

【從 C 到 B】

仔細設定家長介入的時間點，
之後再慢慢減少介入的程度。

例如，當孩子可以自己完成三位數計算，就能邁向 B 階段。

CHECK　**在 Z 與 C 階段，特別需要家長給予支持及引導。**

小學生攻略

小學 2 年級：三位數加法、減法計算

計算三位數加法，要把個位、十位和百位對好，然後由個位加起，滿 10 便要進位。計算三位數減法，也要先對好位，再由個位減起，當不夠減時，可向高位借。

三位數直式計算
線上教學

6 利用身體記憶學更快

俗話說：「做中學。」而學習也是一樣，想要學會正確的讀書方式，首先就得讓孩子自己試著做做看。

為什麼讓孩子親身經歷很重要？

因為怎麼讀書這件事，並沒有絕對正確的答案。很多時候，對這個學生有效的方式，對另一個學生來說很有可能完全不適用。

例如，有些學生或家長會問：「念書的時候，聽音樂是不是不好？」確實，某些研究表明：一邊念書，一邊聽音樂，會降低學習效果。但是，如果聽音樂有助於孩子學習弱科，那麼這對孩子來說就未必是件壞事。

像這種所謂的做中學，正是外國心理學者大衛・庫柏（David Kolb）所提倡的體驗學習圈理論（Experiential Learning Cycle Theory）。

這套理論可說是做中學的最好詮釋。

接著，請看下頁圖表 1-6，重點如下：

圖表 1-6　體驗學習圈理論

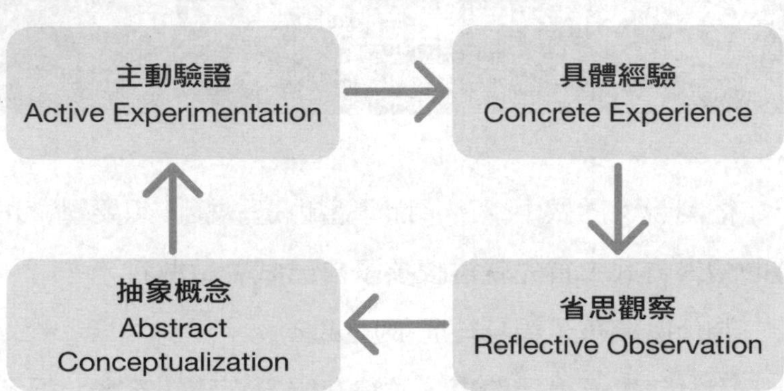

具體經驗……得到經驗、感覺。

省思觀察……觀察。

抽象概念……思考並從中抓住訣竅。

主動驗證……嘗試實際執行。

上述理論要強調的是，做中學是所有學習的起點。比起用頭腦思考，用身體記憶學更快。大多數人應該都能同意，光是用想的，並無法達成深度學習，因為很多事情真的是只有親身經歷過，才能明白箇中道理。

念書不是死背就好

但是，光靠經驗並無法提升學習的深度。別說深度學習了，甚至很有可能會導致錯誤學習。

換句話說，如果跳過觀察及思考這兩個重要步驟，那就喪失了從經驗中學習的本質。

舉例來說，考試前一天才熬夜用功，結果湊巧有念的部分都有考，最後得到好的分數。但是，在考試結束後，直接把「考前熬夜衝刺」這個經驗當成結論，甚至以為之後就足以應付考試。這在未來會產生什麼樣的影響？

很多學生因為考前衝刺、考前熬夜用功而獲得好的成績，結果到了國、高中之後，整個跟不上同儕……這樣的案例我們看得太多了。經驗的確很重要，但是觀察及思考也絕不能忽視。

CHECK

觀察、思考並從中抓住訣竅，透過這兩個環節，提升學習的深度！

7 孩子勸不聽，家長該介入？

要讓孩子從經驗中學習，父母該怎麼做才好？

① 鼓勵孩子積極拿出行動，並且避免打斷孩子。

② 觀察、反思過去的經驗，協助孩子整理資料訊息（可參照第 66 頁）。

這兩個準則非常重要，接下來我們將依序說明。

拿出行動，是做中學的第一步。**儘管孩子有時念書很沒效率，但是透過行動，他會進而發現，原來這個方式不管用。**

因此，當子女願意主動念書時，請家長務必要予以認同並避免打斷其行動，這點非常重要。

美國知名科學家、發明家、工程師湯瑪斯．艾爾發．愛迪生（Thomas Alva Edison），據說他一路走來其實也經歷過非常多次的失敗。

但，他說：「**我沒有失敗，我只是發現了一萬種行不通的方法。**」學習也是一樣的道理。與其一直盯著孩子的課業，不如將重點放在從經驗中學習。

家長最好介入的時機？

具體來說，有哪些基準可作為參考？

如下方圖表 1-7 所示，以家長的觀點（有效率／沒效率）、孩子的觀點（認同感／不認同），基準大致可分成 4 種：

圖表 1-7　4 種溝通時機

	孩子認同	孩子不認同
（家長認為）有效率	◎ 大幅進步區	△ 需要討論區
（家長認為）沒效率	○ 守護區	✕ 情緒低落區

前面說到，當子女願意聽話並採取行動，家長就不應該打斷孩子的行動；但是，倘若孩子無法認同家長的話，甚至固執己見，那就表示大人有需要與孩子談一談了。

那麼，家長到底何時該介入？

家長應該介入的時機，只有「**情緒低落區**」。

情緒低落區指的是，孩子不僅對念書懷有抗拒心態，讀書效率也很差。這通常發生於孩子被迫做某件事的時候。儘管這種狀況並不常發生，但若你發現孩子正處於情緒低落區，請你務必與他一起思考是否有新的做法。

提醒範例

「要不要換個方法試試看？」

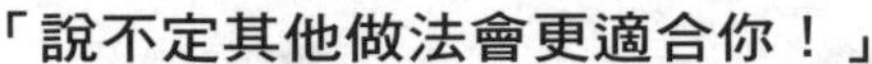

「說不定其他做法會更適合你！」

需要討論區

接下來是「需要討論區」。

這個時期的孩子，算是處在一種似懂非懂的狀態。也許孩子心裡還有一點抗拒，但是透過家長的指導，他願意試著去做。當孩子能從中獲得成就感時，通常就可以逐漸進步到「大幅進步區」。

此時，**家長務必要用孩子聽得懂的方式來教導，而不是一味的強迫孩子。**

「先試著做做看！」

「學會的話，就有〇〇好處！」

當孩子處於需要討論區時，很多家長根本搞不清楚該怎麼對應。其實，這種時候，未經深思熟慮就直接介入，反而無法讓孩子進步，家長不妨就暫時靜觀其變吧！

大幅進步區

大幅進步區是最理想的狀態，此時家長無須刻意介入，也完全不用擔心。

孩子的方式不只很有效率，內心也能得到成就感與自我認同。如此一來，自然就能養成有效率的讀書習慣。

「我覺得你現在的做法非常好！」

「就這樣繼續努力，應該會很不錯！」

守護區

這個時期的孩子，正處於儘管看起來很沒效率，但是願意主動去做的狀態。基本上，此時家長可以讓孩子做中學，並且透過觀察與思考，漸漸邁向大幅進步區。

提醒範例

「你能靠自己思考，我覺得很棒。」

「這次的表現不理想，你覺得下次可以怎麼改善？」

容我們再次強調，在守護區階段，家長對孩子的回應非常重要。以做中學的角度來說，這可以說是前進大幅進步區最好的跳板。

若家長在此時強迫孩子改變學習方式，反而很有可能適得其反。

就算家長再著急，也請想著「也許孩子只是大器晚成，就快成功了」、「失敗為成功之母」，給予孩子增加經驗的機會吧！

事實上，我們也看過有不少孩子雖然學習效率低，但最後還是能考出好成績。

舉例來說，阿滴是小學 5 年級，她的個性非常一板一眼，每次到補習班上課，筆記總是寫得很整齊。

不過，坦白說，阿滴花費太多時間在寫筆記了，尤其是數學筆記，她常因為堅持寫筆記，而導致念書時間不夠，成績卻也不見起色。

但是，個性耿直的阿滴，似乎不想放棄自己的堅持。因此，最後我們以不改變為前提，讓阿滴繼續用她喜歡的方式來寫筆記。

雖然和其他學生相比，阿滴花費在筆記方面的時間明顯較多；但是，當她建立起自己的讀書習慣之後，成績反而漸入佳境。

之後，阿滴透過內部推甄進入理想的國中，現在也已經是高中二年級的學生了；原本不擅長的數學科目，成績也都能維持在高於班級平均的程度。

阿滴就是一個維持自我原則，又能適度改善、提升效率的最佳例子。

CHECK

就算孩子學習效率低，但只要他願意主動去做，家長就只要靜靜守護即可。

8 重複、歸納、具體，請這樣跟孩子對話

想要幫助孩子突破卡關，家長還可以做的第二件事，就是**在複習的時候，為孩子整理訊息與資料**。

至於何時最適合？當孩子從**學校拿回老師改完的考卷、寫完評量並對完答案，或是完成一項作業**之後，就是最適合檢討的時間點。

不過，當家長引導孩子時，切記不可以高姿態或強硬的態度來逼迫他們，而是要以不同角度的方式來提醒孩子。

例如：「其實，你還可以這樣做。」這種相對柔性又有彈性的態度，孩子的接受度也會提高。

「如果你能細心一點、把字寫得好看一點，就更好了。」

「你能夠保持每天用功的好習慣，我覺得非常好。」

當孩子開始會自己反思，就是爸媽的大好機會。

此時，請家長**務必要與孩子站在同一陣線，並以對等的態度來對話**，以下是家長與孩子對話的 3 項重點：

① 重複

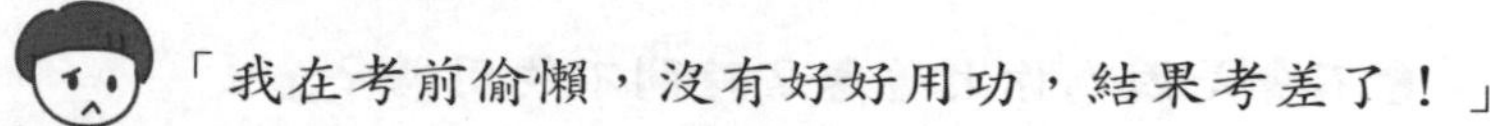

「我在考前偷懶，沒有好好用功，結果考差了！」

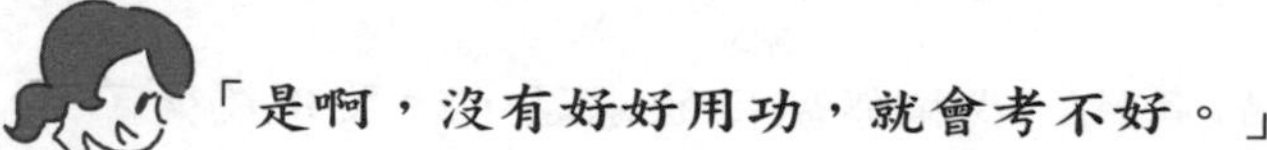

「是啊，沒有好好用功，就會考不好。」

「數學有好多計算失誤，好討厭喔！」

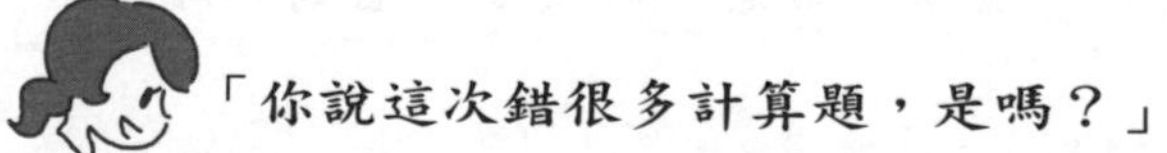

「你說這次錯很多計算題，是嗎？」

「社會科的考試，我搞錯題目的意思，結果分數少了 10 分……。」

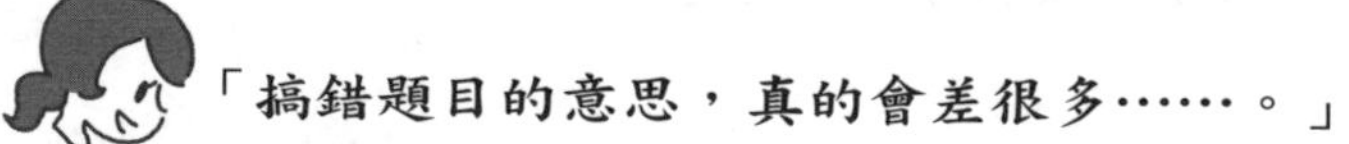

「搞錯題目的意思，真的會差很多……。」

② 歸納

「如果我有好好看題目，我就可以考滿分了！」

「那很好啊，之後放學搭車回家的時候，在車上多看看題庫應該會有幫助！」

「數學有好多計算失誤，好討厭喔！」

「會不會是因為你太著急？時間不夠用嗎？」

「社會科的考試，我搞錯題目的意思，結果分數少了10 分⋯⋯。」

「真的好可惜⋯⋯看來平常念書就要多練習寫題庫複習才行。」

③ 將訊息具體化

「我太粗心了，被扣了好多分數！」

「哎呀，被扣了幾分？」

「數學有好多題都算錯了，好討厭喔！」

「是哪種題型算錯了呢？分數單元錯的比較多？還是小數？」

「社會科的考試，我搞錯題目的意思，結果分數少了10分……。」

「光是這題就被扣了10分啊！是哪個地方你搞錯意思了？」

孩子之所以不習慣檢討考試，這通常和其成長發展有關。根據研究，小學4到6年級是孩子發展抽象概念，也就是從具象轉化到抽象能力的時期。

換句話說，大多數的孩子之所以不習慣檢討，是因為他們的大腦認知還處在「練習中」的階段。因此，家長一定要有耐心，除了掌握上述3項重點以外，還要多透過對話來提醒孩子！

當孩子完成一件事，就是家長提醒的好時機。不妨掌握上述3項重點，不疾不徐的引導孩子吧！

9 怎麼問考試結果，不尷尬？

前面提到，我們要從日常多透過對話來提醒孩子。雖說基本原則是不要介入太多，不過由於大多數的孩子考完試自然會進入反思狀態，因此**考試後，通常就是家長給予回應的最好時機**。

尤其是這個時候，家長有很大的機會可以和孩子更深入的對話，因此我們大多會建議大人要多注意孩子所說的話，也就是孩子「檢討的幅度」。

舉例來說，請比較看看以下兩個對話。

A 「我這次國語考不好，寫錯很多地方，但是我明明就認得那些字……真希望下次不要再粗心了。」

B 「我這次國語考不好，很多都是小地方寫錯了，看來平常就要多練習、更小心的作答才行。」

哪一方的說法比較恰當？

A 是將視角侷限在考試中，而 B 則是打開視野，將範圍延伸至日常。而此時，家長應盡量給予適當的回應與引導。

提醒範例

「你覺得該怎麼做，才能避免粗心寫錯？」

「平常的小考，你也會寫錯嗎？」

「在寫國語練習簿的時候，你有按筆畫寫嗎？」

「你覺得可以做些什麼來改善讀書？」

「早自習說不定可以幫助你考試得高分！」

像這樣，從日常對話一點一滴的引導孩子，讓孩子練習反思並拓展幅度。

要特別注意的是，這種反思的幅度，其實會伴隨著孩子的成長發展而逐漸成熟。因此，當孩子還沒有辦法充分理解時，無須擔心或焦慮，這只是代表孩子的發展還沒到這個階段而已，請家長耐心等待更好的時機。

透過提醒與引導，讓孩子意識到從平常就要改善讀書的方式。

10 讓孩子體驗被時間追著跑的感覺

要訓練孩子的時間觀念，請務必讓他們多體驗「被時間追著跑」。

例如：「在 10 分鐘內寫完作業」，透過落實這項規定，可以讓孩子實際感受到「所謂的 10 分鐘到底是多久」、「其實 10 分鐘意外滿短的」這類的體驗。

以下為訓練時間觀念的兩個重點：

① 要讓孩子明確知道自己該做什麼事。

② 設定一段讓孩子可以投入的時間。

就像是打電動闖關一樣，可以設定一個時間，讓孩子體驗過關的緊張感，例如：要求孩子在規定時間內寫完功課或評量。其他像是日常生活中，「再過 15 分鐘就要出門」、「再過 10 分鐘就要開飯」，這種常規訓練也很有效果。

讓孩子試著思考更好的方式

在生活常規中加上時間限制，有非常多的益處。其中，最值得一提的就是，讓孩子有機會思考更好的方式。

比方說，私中入學考試的數學科往往需要大量的計算，但因為考試時間有所限制，所以很多考生都為作答時間不夠，而苦惱不已。

但如果孩子能在建立時間觀念方面，趁早思考更多作答對策來應對，相信這絕對會成為孩子莫大的助力。

隨著這些被時間追著跑的經驗，孩子的想法也會漸漸從「撐到時間結束就好」轉變為「如何有效運用時間」。想法改變之後，對於孩子往後的考試及學習，都會很有正面效益。

- 在日常生活中，多用以下方式提醒孩子：「再過〇〇分鐘後，就要做〇〇了！」
- 在孩子開始用功之前，先問：「你覺得寫完這個作業要花多久時間？」
- 善用計時器設定時間限制，營造緊張感。

CHECK 在採取行動之前，讓孩子先設定自己需要多少時間。

11 起床、就寢、讀書都要規律

要訓練時間觀念，最好的方式是「規律作息」，也就是**起床**、**就寢**、**讀書**，都要在固定時間內完成。規律的作息之所以重要，有下述兩個理由。

- 鍛鍊自制力，讓孩子習慣守時。
- 讓身體記住被時間追著跑的緊張感。

遵守時間往往是最困難的，因此起床與就寢時間可依家庭作息來制定，例如：與孩子一起討論，決定要固定晚上幾點睡覺、早上幾點起床。

在家念書的時間，則可參考下頁圖表 1-8。不過，這張圖表僅供參考，實際上仍會因每個家庭與孩子的狀況而有所不同。

孩子需要什麼樣的支援；或是萬一沒有遵守時間的話，該怎麼辦？

請務必與孩子一起討論，讓孩子有參與感。

圖表 1-8　引導孩子在固定時間念書

孩子的狀態	必要的協助
Z 還不了解在固定時間讀書的重要性。	明確告知孩子「讀書時間從幾點開始」，以及就寢時間固定的重要性。
C 無法按計畫時間讀書。	可從半小時前開始，每 10 分鐘就提醒孩子：「再過〇〇分鐘就去念書」、「到了〇〇點，就一定要坐在椅子上」等，讓孩子做好「等一下就要念書」的各種準備。
B 大致上可以做到，但有時會拖延。	提前提醒孩子：「再過 10 分鐘，就要念書！」
A 可以在固定時間自動自發的讀書。	決定好時間、作息規則之後，剩下的就讓孩子作主。

在與孩子聊天溝通時，有下列 3 項重點：

① 為了要遵守規定、準時開始念書，可以做什麼樣的準備？

② 希望爸媽在什麼時候、用什麼樣的方式來提醒？

③ 如果沒有按時間寫作業，該怎麼辦？

要孩子做到完全不拖延，其實相當不容易。往往一不小心，就會形成「**孩子做不到→被家長責罵→失去幹勁**」的負面循環。因此，在與孩子聊天溝通時，除了上述 3 項重點，還必須視其狀態做全面性的考量。

首先，**① 為了要遵守規定、準時開始念書，可以做什麼樣的準備？**

這個問題是為了要讓孩子自己好好思考。對於孩子思考過後提出的做法或點子，家長要給予肯定。

第二，**② 希望爸媽在什麼時候、用什麼樣的方式來提醒？**

這題也務必要聽聽孩子的期望。因為大部分的孩子在一開始並沒有足夠的信心，大多需要家長提醒，只有少部分的孩子是完全不用別人提醒。

前面兩項討論出定案之後，就可以聊聊關於最後的**③ 如果沒有按時間寫作業，該怎麼辦？**

由於前面兩項都是以孩子的意見為主，因此孩子往往也會比較願意敞開心胸來討論。

從我們的經驗來看，討論到第三題時，若家長說：「如果你沒有準時念書的話，我就會提醒你！」、「如果你是因為打電動打到忘記念書，我就要關掉電源！」大多數的孩子會勉強接受上述這些協議。

訓練孩子遵守作息時間、在固定時間讀書；與孩子討論有效的提醒方式，並且落實執行。

第二章

跟東大爸爸
學超強數學力

1 國小必學的 5 種數學力

接下來，我們將特別針對數學、國語和英語這三科，介紹基礎的學習方式。

而從基礎知識到思考方式，就是我們常說的基本學力。只有打好基本學力的基礎，才能有效引導孩子的學習，並逐步養成解決問題的能力。

倘若孩子一味的靠死背苦讀，例如：背公式，或許在考試當下還足以應付過關，但因為無法靈活應用，一旦題型出現變化，孩子很可能就不會寫了。

讓我們從傳統的死背切換到活用型學習法吧！

這將為孩子打開自學之路。

不僅是私中入學考試，之後升上國、高中之後的各項學習，一定也都能更加順利。

國小必學的 5 種數學力

這 5 種數學能力，不只針對私中入學考試，對之後的升學也非常有幫助，可說是中小學生必備的數學能力。

①四則運算的能力

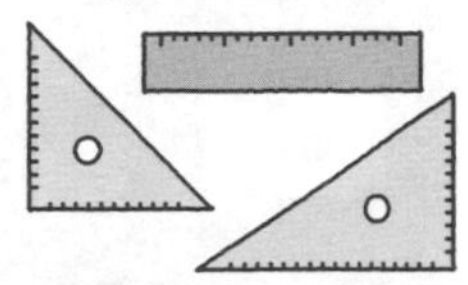

除了基本的加減乘除，還有分數的四則運算計算能力。

②邏輯思維的概念

能正確寫出算式，說明自己的解題方式。

③計算比例的能力

會計算「占比」、「速度」的比例。

④用實際實驗來解題

透過實際動手做實驗，提升解題的能力。

⑤正確認識圖形

對於基本圖形有正確的理解與認識，能夠計算邊長與面積的能力。以下我們將依序分別說明。

CHECK **具備 5 種數學能力，所有問題都能迎刃而解。**

2 四則運算，最強速解祕訣

首先，我們要來說明最基本的四則運算。四則運算可說是所有數學運算的基礎，以下為兩項重點：

① 正確理解運算規則。

② 掌握快速解題的訣竅。

說明依序如下：

正確理解運算規則

所謂的運算規則，是指以九九乘法表開始，能正確完成除法、分數與小數等四則運算。就像背誦九九乘法表一樣，四則運算的能力也可以透過反覆練習來加強。

如果算術計算能力不足的話，建議可以從每天練習 5 分鐘開始。

掌握快速解題的訣竅

掌握解題訣竅非常重要，畢竟單純的計算題，只要花時間一樣能算出答案，但較沒效率，也無助於學習。

舉例來說，下列這則算術題：

25×12

用筆寫出算式計算的話，確實可以得出正確答案。

但是，若孩子已經理解「25×4＝100」的話，就可以更快得出結果。例如：

25×12＝25×（4×3）

＝（25×4）×3＝100×3＝300

先記下25×4＝100

像這樣，掌握快速解題的訣竅，對於之後學國中數學是非常重要的。

當然，有些孩子非常有毅力，認為只要肯花時間，即便是土法煉鋼也能解題。確實，這在小學階段都還算管用，甚至可以讓孩子成為資優生，但是當孩子升上國中之

小學生攻略

直式計算

根據九年一貫數學能力，乘法是小學 3 年級數學的重點之一。以下以示範臺灣運用的直式計算，供各位讀者參考。

例如：320×5，直式計算如下：

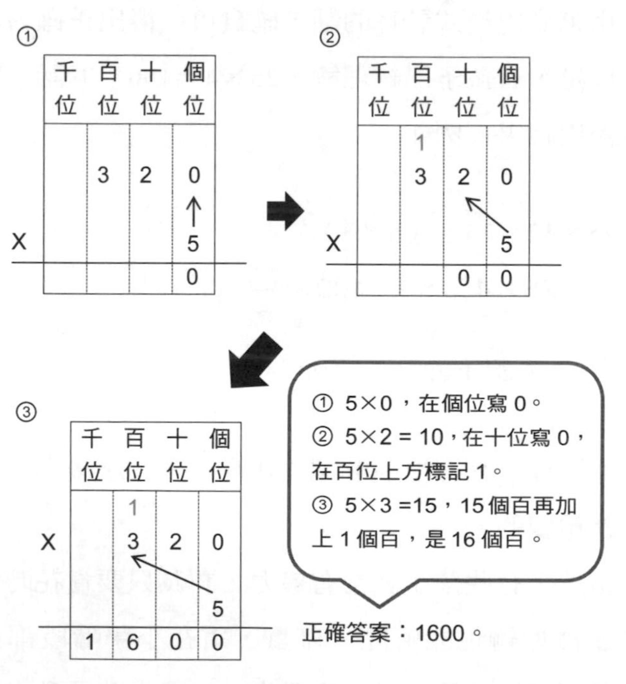

後卻陷入瓶頸，這樣的案例並不少見。

升上國中以後，數學想學得更輕鬆，只靠毅力是絕對不夠的。

寫評量的時間限制

為了避免孩子讀書只靠土法煉鋼，有兩件事必須特別注意，那就是——時間限制、自己對答案。

如果家長不知道該怎麼設定時間，那就以孩子寫一份評量所需的時間當作基準；先記錄下第一次寫評量的時間，**第二次再將時間限制設定為第一次的 7 成**。

自己對答案也是非常重要的一環。一般評量都有非常多的解題訣竅及說明，透過自己對答案並且好好閱讀這些內容，正是順利解題的第一步。

不過，由於在小學階段，孩子大多只會看答案，較難注意到解題步驟，因此家長不妨多加參考下頁的 ZCBA 圖表，配合孩子的階段，給予適當的引導。

當然，一開始就要全部做到並不容易，在實際練習時，也可以試著說：「今天沒有時間限制，以滿分為目標就好。」、「今天要注意時間限制、要嚴格控管時間。」如此交互進行，也會有不錯的效果。

圖表 2-1　引導孩子自己看解答、讀解說

孩子的狀態	必要的協助
Z 還不懂看解答、讀解說的重要性。	告訴孩子看解答、讀解說的重要性。
C 無法自己一個人看解答、讀解說。	陪孩子一起對答案。若孩子還不習慣讀解說，可以引導他：「這題為什麼會寫錯？要不要查一下？」
B 大致上可以自己看解答、讀解說。	試著讓孩子自己來，完成後再由家長檢查；針對難度較高的難題，也可以問：「這題你是怎麼解的？」
A 可以自己仔細的看解答、讀解說。	全部讓孩子自己處理，除非考試結果不理想或者是明顯遇到困難，屆時再由家長檢視做法即可。必要時也可以退回 B 階段。

不下功夫就無法在限制時間內完成，讓孩子養成快速解題的習慣。

3 算式和計算要分開寫

這裡的邏輯，是指「吃太飽的話，就會想睡」、「雨停的話，就會出現彩虹」，這種「若A則B」的敘述。

邏輯思維對於學數學，是非常重要的關鍵。趁早讓孩子建立起基本的邏輯概念，往後對於數學會更有利。就像學習語言要有語感，學習數學也有所謂的「**數感**」。

想要建立邏輯思維與數感，有以下3個重點：

①將計算步驟全部寫出來，並多加善用等號「＝」來彙整思考。

②將解題目時的思考過程，例如符號、圖表等，全部寫下來。

③在玩解謎或益智遊戲時，讓孩子自己試著解釋。

接下來，讓我們依序說明。

首先，是善用等號「＝」來彙整思考。

不只計算，還要善用等號「＝」

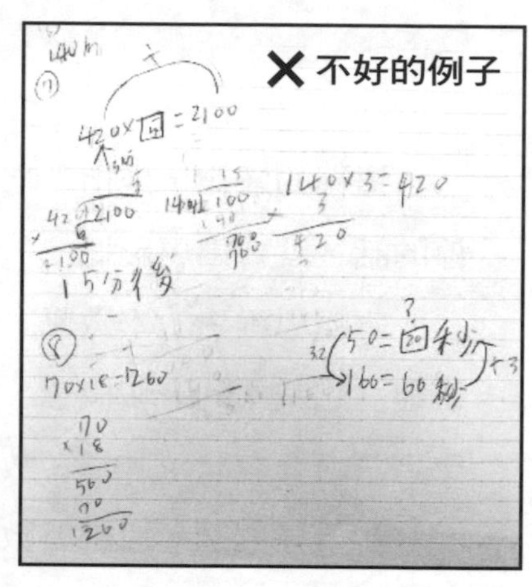

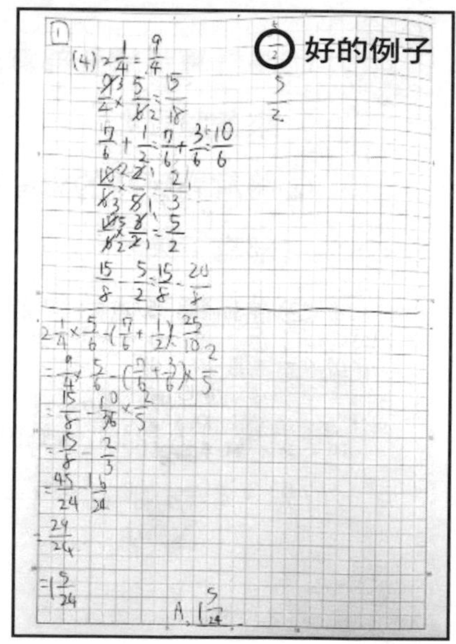

或許很多人會認為計算與邏輯思維是兩件事，但是，計算步驟中的「A＝B＝C」這樣的表現形式，其實就是最基本的「若A則B」，也就是邏輯表現。

因此，善用等號可說是培養數感不可或缺的關鍵練習。

請看右上方的圖，這是不好的例子。儘管可以看到學生有認真計算，但是因為沒有善用等號來彙整，因此算式看起來非常凌亂。

再來看看右下方的例子。每一個計算步驟不只清楚寫出來，也都有善用等號來彙整，整個計算過程可說是一目瞭然。

比方說，在這個例子中，第一個「＝」代表將所有的分數透過約分[1]化為假分數再進行計算。

像這樣，寫下一個又一個的「＝」，也就是不停累積「若 A 則 B」的邏輯概念，對於培養邏輯思維會很有幫助。

善用比對，強化邏輯

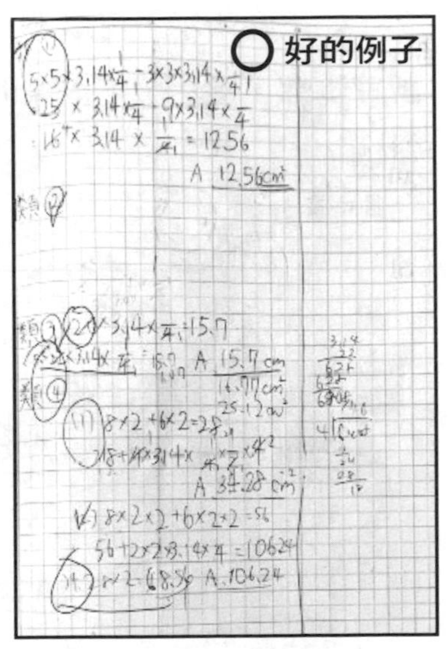

第二個，如右圖所示，**將自己解題時的思考過程，全部寫下來**。

養成這樣的習慣，升上高年級之後，孩子自己對答案時，**很快就可以找出自己錯在哪裡**。

這個比對的過程，其實就是一種邏輯推論，也

1　臺灣小學 5 年級的課程；指將一分數的分子、分母同時除以它們的公因數。例如：6/9 ＝ 2/3；假分數則是分子大於分母，例如：6/5。

是培養數感的最佳方式。

容我們再次強調，將自己解題的思考過程全部寫下來，真的很重要。

尤其在計算途中，孩子所寫或畫出來的圖表，這些其實也都是邏輯的一種展現；**多加善用這些圖表不只有助於解題，在對答案及思考時也會很有幫助**。

因此，在解題的時候，不妨讓孩子試著將算式與計算步驟分別寫下來。

如下圖所示，可以畫一條直線，**左側寫算式，右側寫計算步驟**。當然，不畫線也沒關係，只要能夠培養數感就可以了！

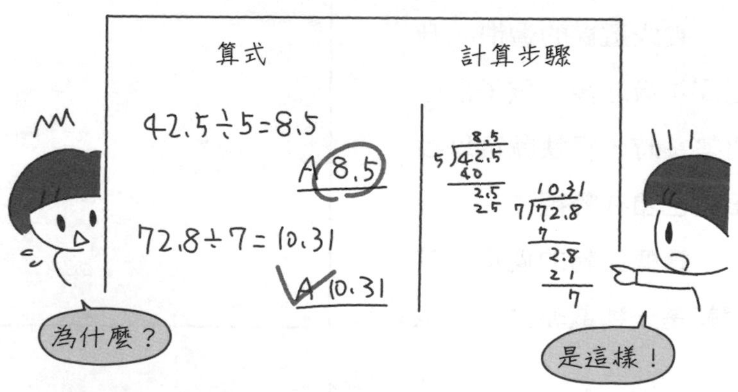

為什麼我們會這麼強調分開計算？

這是因為，解題的時候，算式是大腦經過一連串思考過程後，所得出的結果，所以加入圖示或表格都是很正常的；而計算步驟則是屬於筆算的範疇。

用解謎或益智遊戲，訓練孩子的口說力

最後一項重點，與其說是念書，倒不如說是一種生活習慣。

也就是，在玩解謎或益智類遊戲時，讓孩子試著用自己的話去解釋。

現在，有非常多的手機可以下載益智遊戲 App，例如：數獨或填字遊戲。

或是宮本算術教室的教材《解謎讓你變聰明》（書名暫譯）系列，我們也很推薦。在設計好的表格中填入數字，可以讓孩子有效練習邏輯思考與判斷力。

另外，在玩這些遊戲時，家長可以在旁反問孩子：**「為什麼這樣就可以過關了？」、「你還有想到其他不一樣的過關方式嗎？」**如此讓孩子練習解釋。

提醒範例

「你怎麼想到的？」

「嗯……就是先這樣、然後再這樣……。」

「原來如此！那這題可以用這樣的方式來做嗎？」

「真的耶……我想想看喔！」

有不少孩子是已經懂了，但是不會表達。因此，在玩益智遊戲時加入解釋的要素，也有助於培養孩子的數感。

不過，也不要過分吹毛求疵。有時候孩子在當下可能無法解釋得很清楚，又或者是他的表現好像跟培養數感無關，但事實上，孩子的腦袋說不定正在高速運轉，反而是累積經驗的大好機會。

基本上，就是**以「開心玩遊戲」為原則**，同時偶爾加入解釋就可以了。

CHECK 將算式與計算步驟分開寫，可以看出思考的軌跡。

4 利用比例表，零秒解答

比例關係（正比、反比）在國小數學中非常重要，它對於學習比值與速度的概念，以及銜接國中之後的函數，有著相當關鍵的影響。但是，光只會解題還不夠，必須透過大量的練習與實際應用，才能培養出反射性作答的能力。

而要熟記比例，最重要的就是：反覆利用比例表（如下圖），直到能夠立刻回答。

枚數	1	2	5	8
金額	100	200	500	800

假設一枚硬幣代表 100 日圓，只要再利用乘法將金額乘以硬幣枚數，就可以算出總額。例如，有 5 枚百圓硬幣，那麼 100×5 枚＝500（日圓）。

- 表格上方的數字變成 2 倍的話，下方的數字也會變成 2 倍。
- 表格下方的數字變成 5 倍的話，上方的數字也會變成 5 倍。

接下來，讓我們參考下面這張表格。

枚數	2	1	3	5
金額	100			

這張表的重點是，要算出 1 枚的金額。

兩枚硬幣是 100 日圓，故 100÷2＝50（日圓）。

得知一枚硬幣的金額之後，只要乘上數量，就能夠得知對應的金額，這應該不算困難。

比方說，5 枚硬幣的金額是 50×5 枚＝250（日圓）。

到這裡，先讓我們來整理一下，確認理解是否正確。

例題：「**蘋果兩顆賣 100 日圓，如果要買 5 顆，會是多少錢？**」

100÷2×5＝250（日圓）

這樣就能解題了。

最重要的是，要能直覺寫出「÷2×5」。

藉由對應上頁的表格，應該就能馬上寫出這個算式。

若還有些不懂的話，可以再參考以下例題。

〈問題〉

① 原子筆 3 支賣 360 日圓，一次買 10 支的話，要多少錢？

② 繩索 1.5 公尺賣 270 日圓，買 6 公尺的話，要多少錢？

解答：

①360 ÷3×10 ＝1,200（日圓）

②270 ÷1.5×6 ＝1,080（日圓）

其中，我們以問題②做成表格，如下頁所示。

長度	1.5	1	6
金額	270		

首先，270÷1.5（＝180），我們可以得出 1 所對應的金額數字，而×6 可以得出 6 所對應的金額數字。

或者是用進階的解題法：

因為 1.5×4＝6，所以 270×4＝1080（日圓）。

一旦習慣了這樣的思考模式，對於比例、速度，就能夠更快速理解。

舉例來說，我們常說的時速，指的是「每小時前進的距離」。

〈問題〉

3 小時走了 54 公里，請問時速是多少公里？

針對這個問題，我們來做成表格看看吧！

時間（小時）	3	1
距離（公里）	54	

如果已經理解時速的意思，應該很快就能明白「54÷3＝18」，意即時速為 18 公里。

〈問題〉

時速 18 公里，則分速為幾公尺？

我們一樣將問題做成表格來看看。

時間（分）	60	1
距離（公里）	18	

顯而易見，18÷60＝0.3，也就是 0.3 公里。

更進一步，如果已經記住單位換算 1 公里＝1000 公尺，也能計算出 1000×0.3＝300，即 300 公尺。

長度（公里）	1	0.3
長度（公尺）	1000	

在計算比與比值的時候，只要記住「以～為基準」，就是「以 1 為基準」，如此就能畫出比例表格來協助快速解題。

接著，讓我們一起來思考下方例題。

〈問題〉

以 16 公斤為基準，28 公斤的比值是多少？

1	
16 公斤	28 公斤

這裡的重點是：A 為 B 的 B 分之 A 倍。

什麼意思？也就是「6 是 3 的 6÷3 倍」。

換個寫法，「6÷3＝2」，意即「6 是 3 的 2 倍」。

那麼 16 是 28 的幾倍？

正確答案為「16 是 28 的 16÷28 倍」。

寫成算式：16＝28×16÷28，這個使用約分就會很好理解。

再回頭看上方的表格。依照方才解釋的邏輯，表格下方是數字×28÷16，所以上方也是數字×28÷16；該問題的正確解答為 28÷16＝7÷4＝1.75。

最後就是百分率。剛才我們提到以 1 為基準，那麼百分率就是「以 100 為基準」。只要想通這一點並且熟悉計算比與比值，百分率就一點也不可怕。

〈問題〉

28 公斤為 16 公斤的多少％？

100%	
16 公斤	28 公斤

同樣的解法，100×28÷16＝175，故 175％ 就是正確答案（也可以用算比例的方式去求 1.75 的 100 倍）。

培養對於比例的直覺，對於日後的學習將有莫大的影響。多多利用圖表、比例尺等，幫助自己用身體來記住各種比例吧！

CHECK 使用比例圖表來解題，訓練自己的直覺反應。

小學生攻略

比、比值

比和比值是國小數學 6 年級的重點，在國一下學期，也有相關延伸應用。

- 比：表示兩個數量間的關係。
- 比值：比的前向除以後項，所得的商。

5 排列組合不要死背，動手畫

在小學階段，孩子們會學到各種數學公式。不過，千萬不要只會死背公式，而是要去理解這些公式的本質。

想要有效理解數學公式的本質，最好的方式就是親自動手畫。

排列組合的問題，就畫樹型圖

下方是關於排列組合的問題。

〈問題〉

A、B、C、D 四個英文字母排成一橫列，請問有多少種排列組合？

或許很多人會直接套用公式，得出「4×3×2×1＝24」，但重點仍在於，能否實際理解該公式的本質。若孩子會套用公式，卻不知道原因，或只是把課本裡的說明一字不漏的背下來，這其實都是一種警訊。

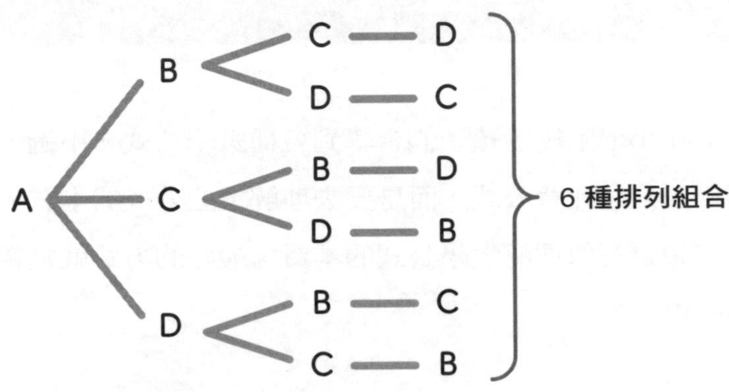

以上方題目為例，畫樹型圖其實很重要。

首先，以 A 為首，依序畫出樹型圖，我們可以看到有 6 種排列組合。

再來以 B、C、D 為首，也依序畫出樹型圖。

在畫圖的途中，應該漸漸就會發現這些排列組合是怎麼來的。

這種動手操作是一大關鍵。

只要理解了本質，排列組合就一點也不難懂了。

接下來，試著再更進一步思考看看吧！

請看最左邊那一列，A～D 四個字母依序排成一列。接著，從左邊數來第二列總共有多少個字母？

當然，你可以一個一個去數；不過，只要仔細觀察，對照第二列與第一列（例如 A→B、C、D）應該可以發現，以第一列的字母個別為準，第二列的字母是第一列字母的 3 倍。

也就是說，左邊數來第二列總共有「4×3＝12 個字母排列」，實際數一數，答案就是 12 個字母。

像這樣，**有規則性的「○倍」**，透過樹型圖就可以一目瞭然；依照這樣的邏輯去思考，應該就可以得出「**4×3×2×1＝24 種排列**」。

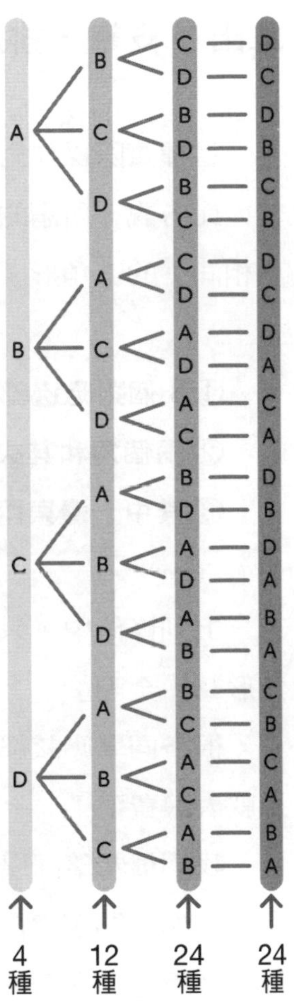

拿出 3 支筆，排成三角形

這種實際操作對其他單元，也非常重要。

比方說，所謂的全等三角形，是指兩個全等（圖形完全相同）的三角形，包括以下條件：

①3 個對應邊都相等。

②兩個角和其夾邊對應相等。

③其中一邊與兩端的頂點對應相等。

上列條件中，只要符合其中一個，就可以稱這兩個三角形為「全等」。

很多同學應該都知道這三個條件，但若只是背起來，那就太浪費了！

我們很希望同學們可以透過實驗來驗證看看。

例如，為了實際理解條件①，請先準備 3 支筆，然後試著用這 3 支筆排成三角形吧！

你可以排出幾種三角形？

若 3 支筆的長度相同（三邊長度相等），你會發現不管怎麼排，只能排出正三角形。

即便換掉底邊固定的筆，但頂多也只能排出等腰三角

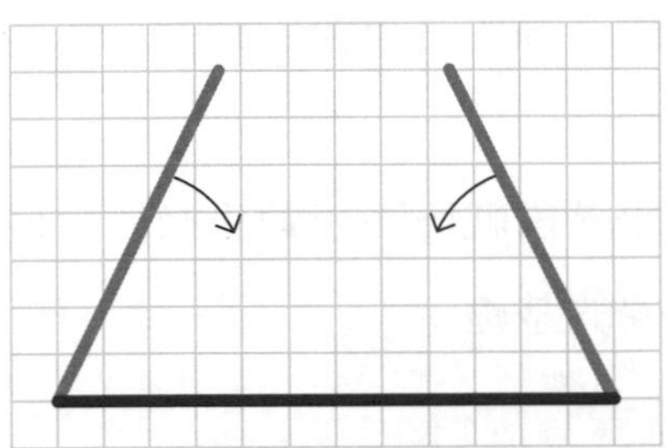

形（如上方圖表所示）；所以，在條件①的狀況下，我們只能排出一種三角形，也就是正三角形（三邊長都對應相等）。

但是，如下圖所示，要是底邊的筆的長度超出另外兩支筆太多，那麼不會是三角形。也就是說，其中一邊的長度大於另外兩邊過多，根本不會成為三角形。

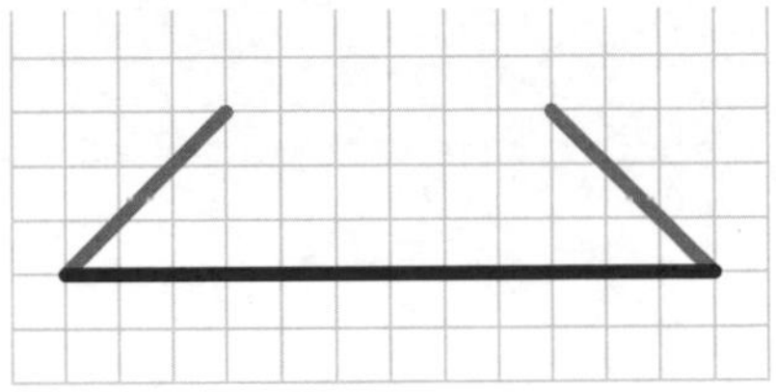

課本應該會這樣寫：「**若是任兩邊的邊長總和小於第三邊，則三角形無法成立**」。只看解釋或許不是那麼好理解，但透過實際實驗，反而能一目瞭然。

事實上，國、高中之後會學到的三角形面積，就是這樣的概念。

若能在小學階段就培養起動手操作的習慣，這將有助於打好學習數學的基礎！

CHECK

畫樹型圖、實際拿筆排成三角形，透過動手實際操作，打好數學的基礎。

6 用直尺，畫平面圖、立體圖

小學階段的數學會接觸到各種圖形及其相關的問題。以下為兩項基本重點：

① 認識各種平面圖形、立體圖形，並且可以正確畫出來。

② 理解基本的公式及其由來。

接著，讓我們來進一步說明。

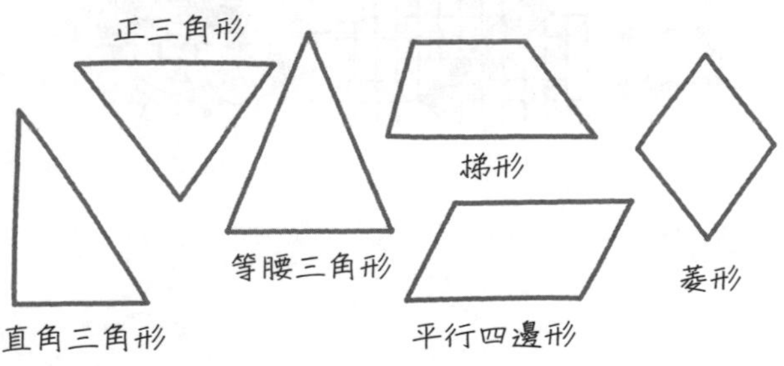

認識各種平面圖形、立體圖形，並且可以正確畫出來

畫一個三角形

首先，要記住圖形的正確名稱。與此同時，也要能徒手將圖形畫出來。

因此，正確掌握圖形的特徵，就很重要。

以三角形為例。

請試著徒手畫出等腰三角形與正三角形。透過反覆畫出各種模樣的三角形，掌握到「兩邊長度相等、底角也相等」，最後就能畫出正確的等腰三角形。

在畫圖形的時候，**建議使用直尺並畫在標有格線的方格紙上**。

等腰三角形

接下來，請試著在方格紙上畫出等腰三角形。

先畫一條橫線為「底邊」，再從橫線的正中心點，沿著格線垂直往上畫一條直線（中垂線）。

在直線上標出幾個點後，將這些點與底邊的兩端連起來，就可以畫出多個等腰三角形。

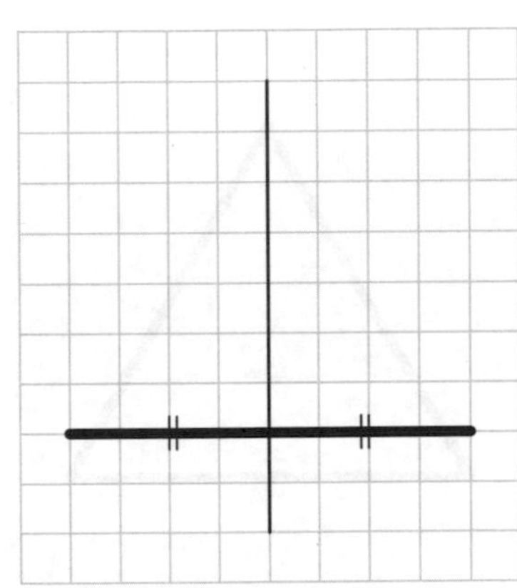

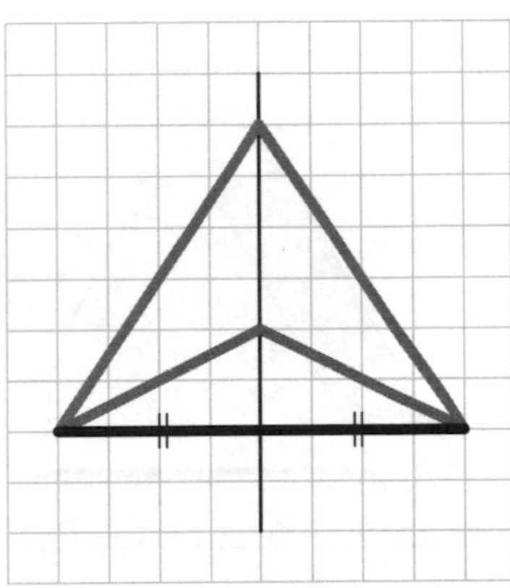

正三角形

接下來，請試著用直尺畫出正三角形。只要有直尺與格線，就可以畫出正確的正三角形。

首先，畫出底邊，跟畫等腰三角形時一樣，從底邊的正中心點，畫一條中垂線。接著，如下頁所示，先將直尺與底邊對齊，然後一端往直線上方旋轉；當直尺的頂點與底邊交會時，就畫線把點與邊連起來，如此就能畫出正三角形。

透過這些步驟，我們可以實際了解到，**正三角形也是**

等腰三角形。

習慣正確的畫法之後，就可以改用徒手畫畫看。

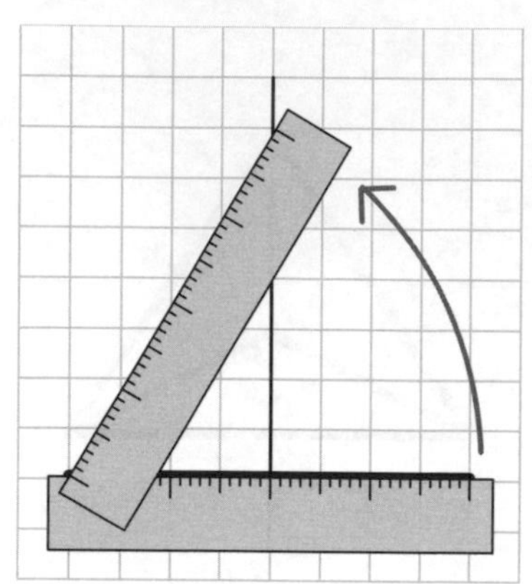

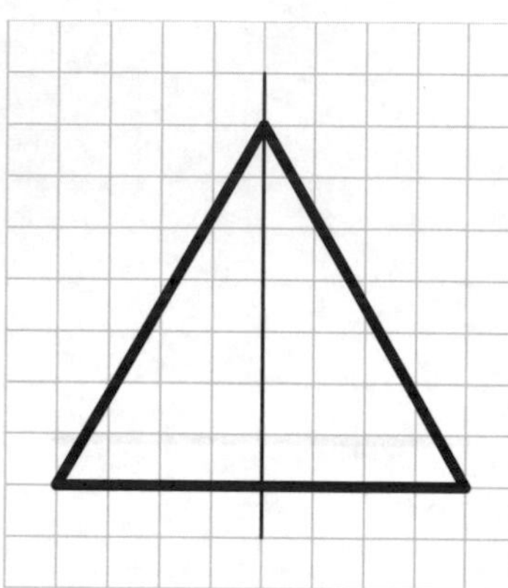

當直尺的頂點與底邊可以連起來，就能畫出正確的正三角形。

四角形

四角形其實也有很多種形態，讓我們一個一個的嘗試畫出來吧！

以梯形與平行四邊形為例。

梯形的定義是，四邊形中，有一雙對邊平行、另一雙對邊不平行。

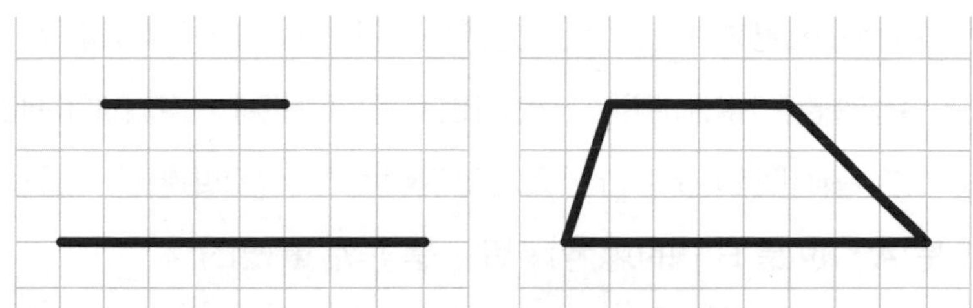

如上圖所示，在方格紙上畫出兩條適當長度的平行線，然後將四個點連起來就成了梯形。

平行四邊形

接著是平行四邊形。平行四邊形與梯形很相似，重點在於一開始畫的兩條線，長度必須相等。

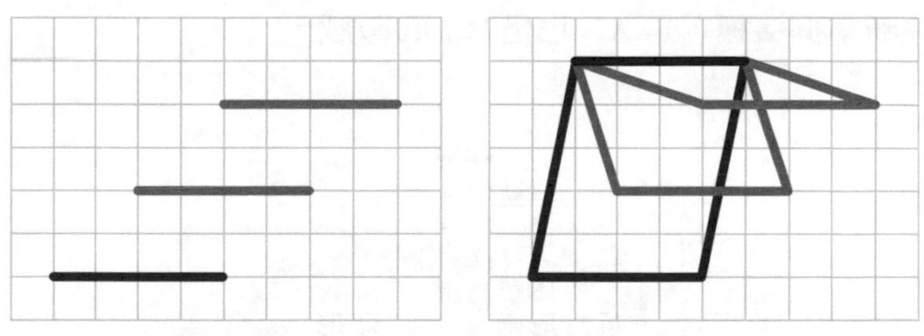

如上方圖示（左），有三條長度相等的平行線，只要再畫出一條長度相同的平行線，接著就跟畫梯形時一樣，

將各個點連起來，就能組成各種不同形狀的平行四邊形。

透過實際畫出圖形，我們也可以了解到，畫梯形的時候，若有兩雙對邊平行，那麼就會變成平行四邊形。這種「**是 A、也是 B**」的思考邏輯，是非常重要的。

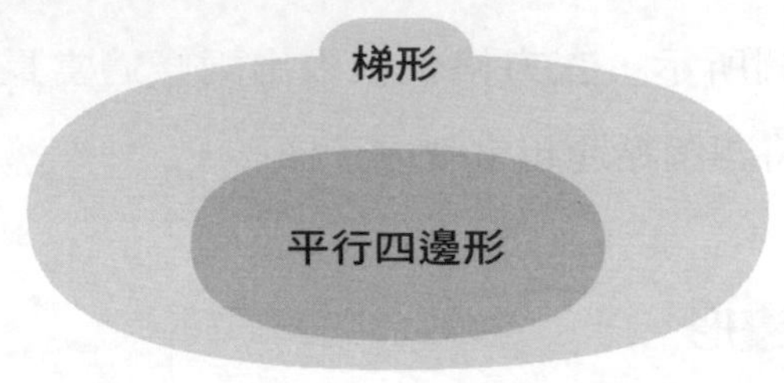

而這也是數學裡的集合與包含關係（按：設 A、B 為兩集合，當集合 A 中的每個元素都屬於集合 B 時，稱為「A 包含於 B」）。透過親手畫出各式各樣的四角形，就能逐漸掌握這種「是A、也是B」的數感。

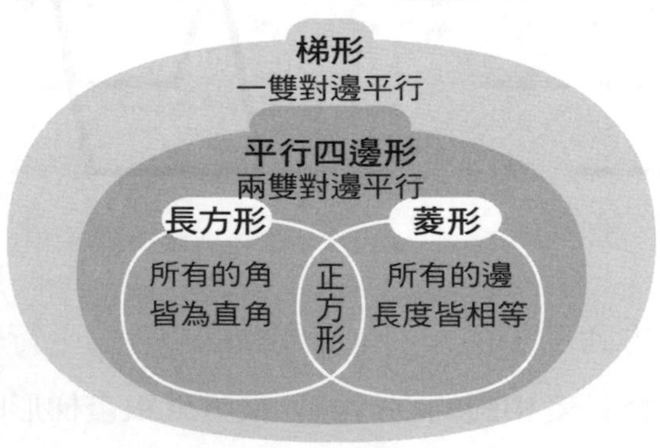

畫出立體圖形

立方體

最後是立體圖。首先，請參照下面的圖示，在方格紙上依序畫出平行四邊形。

畫出一個平行四邊形之後，接著畫正面與側面。注意，此時前面會是一個正方形，側面則是平行四邊形。最後將看不見的部分點線連接起來，就完成了。

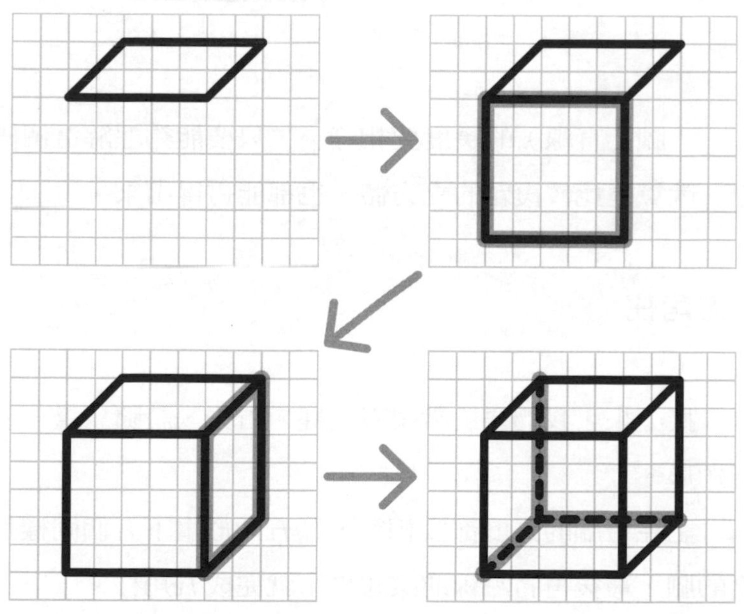

長方體

學會畫立方體之後，長方體也是一樣的畫法。這裡我們要為大家介紹一個有點不一樣的畫法。先畫出一個平行四邊形，然後再畫出四個長度相同的腳，最後將點線連接起來就完成了。

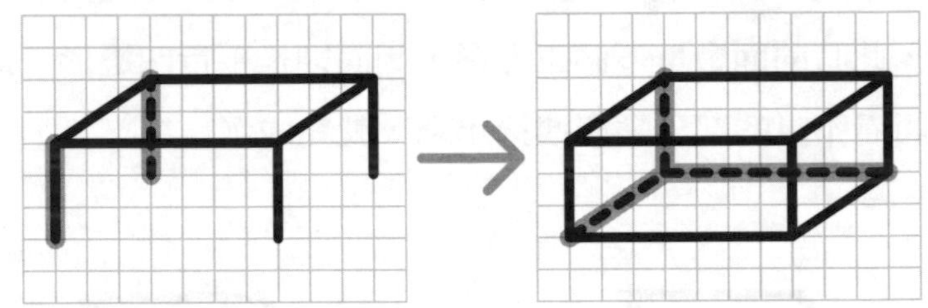

「腳（直線）的長度要相等」，只要能夠理解這個概念，就算是比較複雜的立方體，也都能畫得出來。

五角柱

接下來，我們要挑戰畫五角柱。首先，請隨意畫一個五角形。

記住，腳的長度都要相等，為五角形畫下五個同樣長度的腳，最後再將點線連接起來，就完成五角柱。

像這樣，只要反覆練習畫，一定可以逐漸正確掌握各種圖形的特徵。

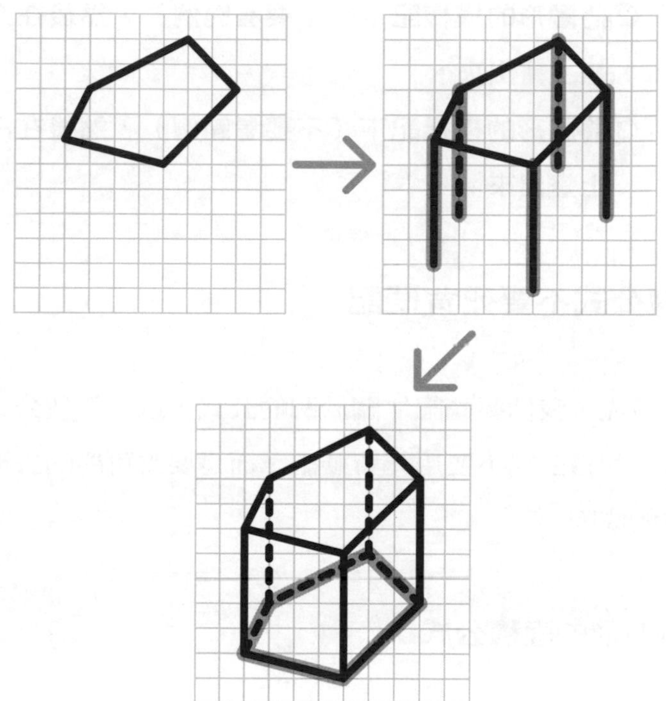

畫圖形的應用篇

首先，大家可以另外準備白紙，試著挑戰下列①～③的應用篇。

一邊畫圖，一邊認識圖形吧！

①一邊參考範例圖形，一邊照著畫。

②將圖形的模樣記下（不要看範例），然後在方格紙上畫出來。

③將圖形的模樣記下（不要看範例），然後在白紙上畫出來。

面積公式不要死背硬記

首先，我們要先記住關於圓的公式，以及面積公式。注意，面積公式不要用死背硬記，而是要盡可能的去理解公式的成因。

長方形的面積公式

當然，基本上，用「長×寬」就可以求出面積，但我們可以試著更進一步去思考。以下頁的長方形為例，每一格的四角形是「1 平方公分（cm^2）」，而這個長方形是由「3×5＝15」個四角形所組成，所以面積會是 15 平方公分。

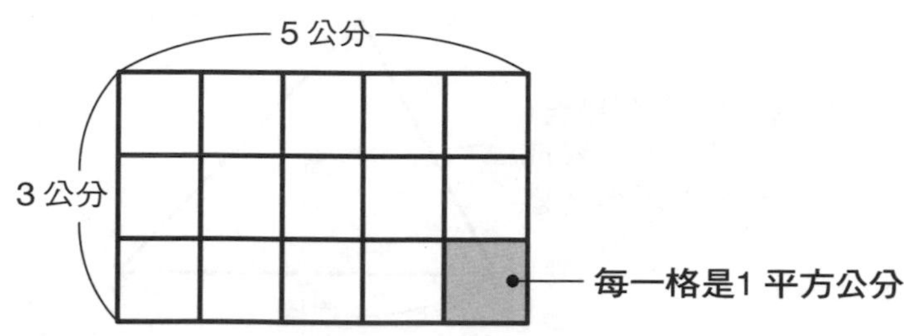

平行四邊形、三角形的面積公式

接著是平行四邊形與三角形。

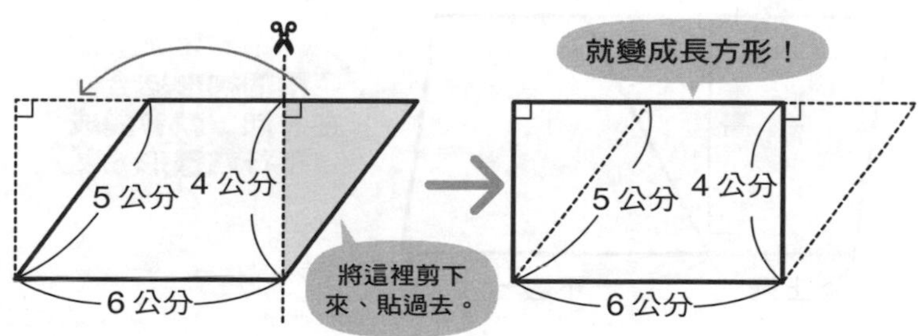

如上圖所示，平行四邊形可以變形成長方形。

另外，將平行四邊形沿著對角線「對折」以後，就會變成三角形。因此，我們可以記成：「平行四邊形的一半就是三角形」。

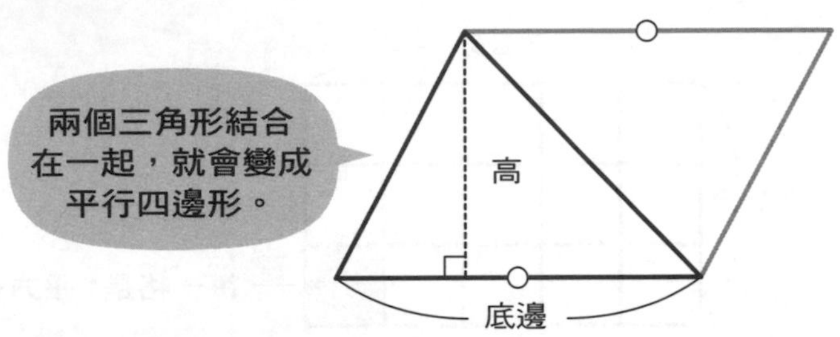

最後是梯形。梯形與三角形相同，都是半個平行四邊形。如下圖所示，可以把平行四邊形分一半，但也可以看作兩個梯形。

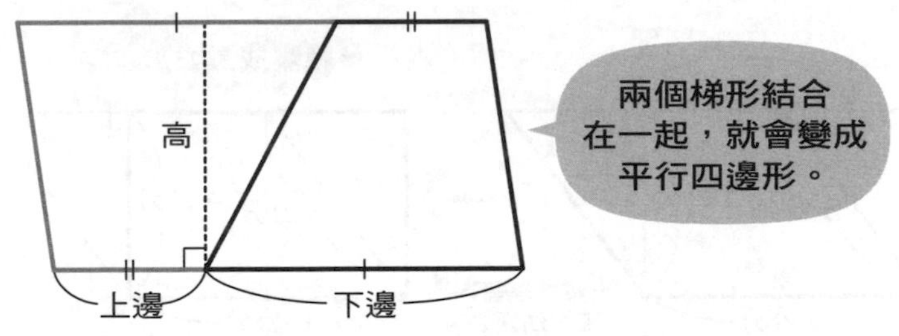

建立起上述概念後，下面的問題應該就很容易破解。

〈問題〉

高 30 公尺、寬 50 公尺的長方形之面積為幾公畝？

應該有很多人都知道「1 公畝＝100 平方公尺」，但只是死記硬背的話，解題就會變成：

（背公式的解題方式）

30×50＝1500 平方公尺　　1500 平方公尺＝15 公畝

雖然答案並沒有問題，不過若是能夠理解「1 公畝＝100 平方公尺」，那麼下圖的面積就能一口氣算出來了。

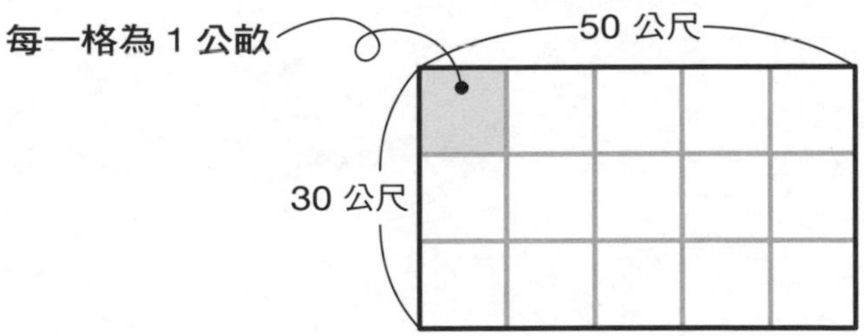

（解答）3×5＝15 公畝

像這樣，**實際去理解面積公式，而非死記硬背，對於學習正確理解圖形的性質**，非常有幫助。

透過實際畫出圖形，掌握各種圖形的特徵；公式不要死記硬背，而是要理解其成因。

第三章

從生詞到閱讀，強化國語文能力

1 3 大語文力，強化閱讀素養

國語，可說是最重要的基礎，因為所有科目都需要用到語言。在本章節，我們將針對小學生應具備哪些國語文能力來詳細說明。首先，國語文能力有以下 3 項：

① 明白詞彙的意義。
② 能夠思考文章的起承轉合。
③ 維持自主思考的習慣。

當孩子能夠具備上述 3 大語文力，因為語彙力也會隨之提升，閱讀自然再也不會是苦差事；甚至在閱讀考題時，也能夠藉由理解內文，同時培養出邏輯思考的能力。

然而，這 3 項能力都不是一蹴可幾的。本章節將介紹家長如何引導孩子學習，各位不妨多多加以實踐。

CHECK 3 大語文力，能為閱讀、邏輯思考等打下良好基礎。

3 大語文力

❶ 明白詞彙的意義

- 學國字

···> 學國字必備的 4 項要素（見第 127 頁）。

- 查生字／生詞

···> 沒聽過的詞彙，可以問人或是上網查。
已知的詞彙，就翻字典查閱。

- 活用已知的詞彙

···> 在會話中，試著將詞彙排列組合，並運用於作文中。

❷ 能夠思考文章的起承轉合

- 透過閱讀書籍或觀賞電影，多接觸故事。
- 練習說故事。

···> 和朋友或家人聊聊心得感想。

❸ 維持自主思考的習慣

- 每天閱讀 10 分鐘，說出自己的心得。
- 在上課前就先閱讀課本，針對內容試著自己先思考看看。
- 每天寫 3 分鐘日記。

2 文字，要「多重理解」

國語最重要的核心，就是明白詞彙的意義。

這句話看似簡單，但其實也有更深一層的含意。例如，請問下面這段敘述是指哪個詞彙？

「在寒冷氣候下栽培的落葉喬木。春季開白色花朵，果實呈紅色球形，味道略酸甜。日本代表性水果之一，品種繁多。〔薔薇科〕」（出自《廣辭苑》）

直覺敏銳的人或許很快就知道，這是指「蘋果」。

我想大家應該都知道什麼是蘋果，但是不一定知道字典上的解釋。也就是說，即便你認為自己懂了，但也不代表你是真正的理解。

日常中，如何訓練文字理解力？

那麼，明白詞彙的意義，指的又是什麼？意即「理解該詞彙的各種意義與特徵的總和」。乍看之下，確實是不太好懂。

讓我們再更進一步的思考，說到蘋果，大家腦中會浮現哪些印象？

紅色、美味、水果、青森縣的名產……。

這些應該都是很快就能聯想到的印象，也的確都是蘋果的特徵。

不過，青蘋果也是蘋果，或許有些人會有「青蘋果→不好吃」這樣的印象（按：口感偏酸性）。

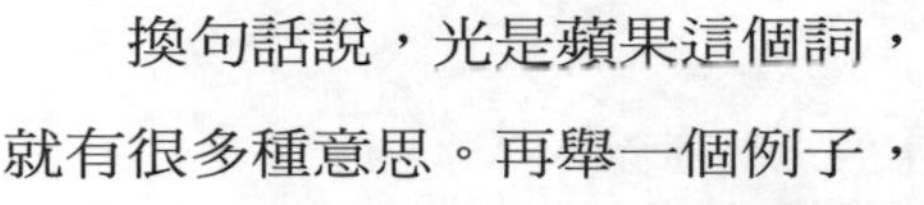

換句話說，光是蘋果這個詞，就有很多種意思。再舉一個例子，

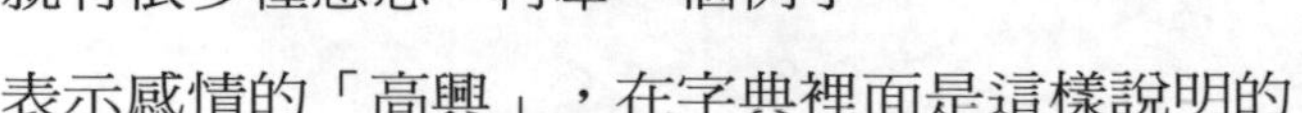

表示感情的「高興」，在字典裡面是這樣說明的：

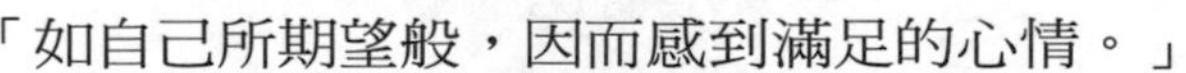

「如自己所期望般，因而感到滿足的心情。」

「因發生好事，而感到愉快的心情。」

「對他人的行為感到『感謝』時的心情。」

但事實上，每一個人、每一天，在什麼情況下會感到高興，又或者透過什麼樣的方式會感到高興，肯定都不盡相同。

「明天放晴，就可以去遠足了，好高興！」

「考試拿到一百分，好高興！」

「生日獲得朋友的祝福，好高興！」

像這樣，一個表達心情的詞彙，在各種場合及文章脈絡中，都有不同的使用方式，但是這些都稱為「高興」。所謂的「多重理解」，就是這麼一回事。

圖 3-1　文字要多重理解

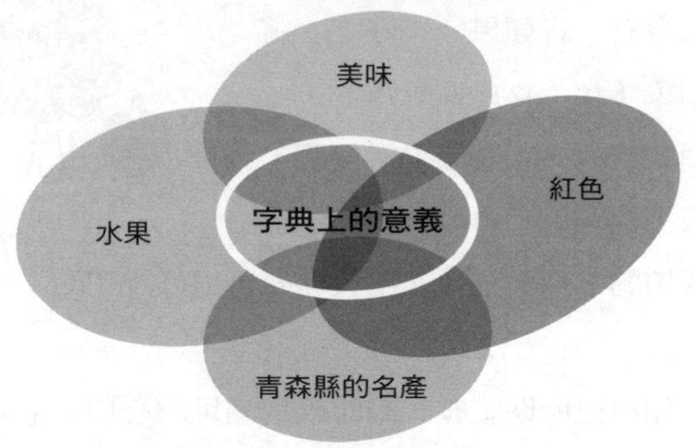

> **CHECK** 透過累積與他人對話的經驗，不只可以增加詞彙量，也能擴展語言與文字的世界。

3 每天花 15 分鐘 靜心寫國字

說到閱讀與寫作，基本上若是看不懂國字的話，根本無從理解文中的脈絡。

接下來，我們將介紹國字的學習法。

我們常說：「只要會寫，就一定記得住！」不過，也有人認為，反正一直重複寫字就好了！

但是，只著重於寫卻不會唸，說得極端一點，就是死記一大堆部首之後，再一個一個的把旁邊的字寫上去，根本無助於學習國字。

好好理解並正確學習國字，才是最有效的方式。關於學國字，有以下 4 項重點：

1. 唸法。

2. 部首。

3. 筆畫。

4. 用法、範例。

拼音，在學習國字的過程中，是非常重要的一環。國字的部首經常會被忽略，但其實**部首正是表達文字意義的重要元素**。因此，在寫字的時候，若能理解部首的意義，對於學習國字，也有很大的幫助。

舉例來說，各位家長是否也常搞不清楚部首「衣（衤）」與「示（礻）」……？

這兩個部首只差一個點，但「衣」指的是「衣服」，「示」的意思則是「神明」；這樣想的話，就比較不會寫錯了。

又或者是，例如「複」與「福」。「複」這個字是從「穿上很多件衣服」衍生出「重疊」、「多數」的意思，因此「複」的部首，當然就是「衣」部。而「福」這個字則有「神明賜予幸福」的意思，因此「福」的部首，正確應為「示」部。

最適合的教材

在挑選教材方面，學校的國字評量或是國字描寫的參考書、題庫，都是不錯的選項，建議可依第 127 頁的 4 項要素作為選擇的基準。

國字練習的教材當中，有些是以成語為主，倘若孩子的國字已學到一定程度，那麼這類型的教材就會很適合。

練寫國字的訣竅

另外準備一本習字本

市面上，有很多可以直接練習寫國字的評量與習作，不過我們還是建議**另外準備一本專門用來練習寫國字的習字本。小學高年級的話，以一頁可以寫 120～150 字的習字本最為適合。**

邊寫，一定要邊讀

實際練習的時候，邊讀邊寫是基本。不要直接寫生詞，而是先從生字開始一個字、一個字的練習。

寫評量的時候，要確認生字的寫法並且實際唸出聲音，然後邊讀邊寫。

這個練習是為了讓孩子說、寫一致。

很難的字，先拆解

如果是筆畫較多、不太好記的國字，可以將文字拆解，然後再邊讀邊寫。例如，小學 6 年級會學到「誌」，將其拆解為言字旁、上面一個士、下面一個心，這樣邊讀邊寫，會更有助於記憶。

多練生詞，寫 3～4 次

熟練生字以後，接下來就可以練習寫生詞。**每組生詞，都要練習寫 3～4 次**。

要特別注意的是，不要只是依樣畫葫蘆，在反覆練習時，要把最後一次當成是測試。**把前面寫好的部分用手遮起來，測試自己不要看範例、寫下生詞**。

除了每天固定練習，也可以把當天學到的內容當成考題，測試自己國字及成語有沒有寫對。

每天 15 分鐘，寫 5～8 個國字

我們建議可以每天練習寫 15 分鐘，並藉由準確計時，讓寫國字變成一種習慣。

在過程中，請務必要靜下心來寫 5～8 個國字。養成習慣並且持之以恆，如此才能加深學習的記憶。

最後是，親子可以一起玩的「生詞大挑戰」小遊戲。遊戲規則是，在 5 分鐘內用今天學到的國字寫下生詞，然後比賽誰寫得多。親子之間彼此競爭，不僅可以刺激孩子的學習欲望，若孩子在遊戲中獲勝，也會得到莫大的成就感。

CHECK

學國字的 4 項要素：唸法、部首、筆畫、用法&範例，一個都不能少！

4 早就懂的詞彙，更要查字典

接著是查生字。遇到陌生詞彙時，請讓孩子主動積極的去查一查吧！當然，要孩子自己去查完全不懂的詞彙，有時也會叫不動。

這種時候，主動問人反而更有效。如果有智慧型手機的話，也可以問 Siri：「嘿！Siri，什麼是蘋果？」

或是可以用圖片搜尋。俗話說：「百聞不如一見。」比起字典上面只有文字敘述，圖片有具體形象應該更有助於理解。

能力可及的話，親身經驗也非常重要。以蘋果為例，實際去買一顆蘋果，親手洗蘋果、削皮然後吃掉；對於蘋果就能有更深刻的了解。

最主要的關鍵，就是保持好奇心，然後培養孩子查查看的習慣。

一定會有人說：「但查字典還是不能省略的吧？」的確如此，了解詞彙在字典上的定義依然非常重要。

但常見的情況是，即便孩子查到並讀完解釋，仍然似懂非懂。再說得直白一點，一個從來沒有聽過蘋果、也不知道蘋果是什麼的人，光靠查字典，其實是很難提升語文能力的。

事實上，孩子**早就懂的詞彙，才更應該要去查字典**。進一步的說，舉凡看過的事物、聽過的名詞，即便沒有很確定意思，學生都應該去查字典。

舉例來說，我想大家應該都知道「狗」這個字吧？對於「狗」這個字，《廣辭苑》的說明如下：

狗【ㄍㄡˇ】

①食肉目犬科哺乳類動物。為人類最早馴養的一個物種，嗅覺和聽覺都很靈敏，可訓練來追蹤、守衛、導盲、救生或飼為寵物。

②偷偷調查他人隱瞞、不為人知的事情並告發。告密者。

③「犬追物（獵殺放跑的狗）」的略稱。

④用以附加表示輕蔑、貶低等負面意思，同時也有低劣、無趣、無價值、無用等意思。

大家發現了嗎？一般想到狗，就會聯想到人類的寵物，備受寵愛的家犬；想不到可愛的「狗」竟然會有負面的含意，真是相當有意思。

順帶一提，英文中的「dog」，其實也有跟④相同的意思。明明是不同的語言，卻有相同的負面意思，是不是很有趣？

CHECK

孩子早就懂的詞彙，更應該查一下字典，說不定會有意想不到的有趣發現！

5 多用成語造句，作文就不難

除了狗，我們也可以用字典來查與動物有關的其他詞彙，例如：雞、牛、虎等。

這些我們一點都不陌生的詞彙，透過查字典了解更多含意之後，就可以練習寫成文章或句子。或許孩子一開始寫出來的文章或句子，並不是最正確或最通順，但這裡最重要的目的是練習，因此不需要太過吹毛求疵。

舉例來說，與動物有關的成語有以下：

狗急跳牆

狗眼看人低

狗嘴吐不出象牙

喪家之犬

雞犬不寧

落湯雞

寧為雞首，不為牛後

對牛彈琴

九牛一毛

虎落平陽被犬欺

不入虎穴，焉得虎子

接著，請用這些成語來試著造句吧！例如：

「小偷被警察追得無路可逃，一時**狗急跳牆**，結果摔進旁邊的排水溝了。」

「人家可是在國際比賽得過名的，你千萬不要**狗眼看人低**。」

「今天出門沒有帶雨傘，結果午後下大雨，被淋成**落湯雞**了。」

「你對孩子說了那麼多高深的科學理論，根本是**對牛彈琴**。」

「『**不入虎穴，焉得虎子**』，要有冒險犯難的精神，才能找到寶藏！」

這項練習的重點，在於「趣味」，因此不通順或不優美都沒有關係，讓孩子多多練習用新學到的詞彙、成語來練習吧！

組合句子，就能寫成文章

孩子越來越熟練造句之後，接下來就可以將多個句子組合成文章，也就是練習寫小作文。記得，把這當作是在玩遊戲就可以了。

比方說，將**每天學到的新生詞、成語，大約 3～5 個加以造句、排列組合，並自由發揮寫成小短文**。內容沒有太多限制，可以認真嚴肅，也可以充滿想像或搞笑。

我們在上課的時候，曾經有孩子用「刊登」、「發現」、「打擊」這三個詞，寫出以下短文：

「我最喜歡的藝人○○○，被記者發現正在偷偷談戀愛並且還被刊登照片在週刊上，我看到以後大受打擊。」

以教科書的角度來看，或許稍嫌不夠正經，但是這內容充分表達了孩子的想法，我們反倒認為寫得非常好。

上述的種種練習法，都是為了讓孩子多練習造句及寫作，同時也能夠有效提升孩子的國語文能力。

下頁共有 4 道題目，請大家試著練習造句：

・率先、信念、默默的

→ 我一直都抱持著要默默的率先去做別人不想做的事的信念。

・滲透、融合、傳播

→ 外來文化與日本本土文化融合，產生了新的文化並且逐漸滲透人心，之後更進一步又傳播到海外。

・和睦、熱衷、天真無邪

→ 看到那對感情和睦的夫妻熱衷於打網球的樣子，孩子露出了天真無邪的笑容，這真是太美妙了。

・擴散、延後、風險

→ 因新冠病毒疫情擴散，考慮到感染的風險，我們決定將活動延後舉辦。

CHECK 在生活中，多應用已知的詞彙，除了能讓孩子更熟悉用字遣詞，還能充實單字庫。

6 練習起承轉合

現在，讓我們來看看：練習思考起承轉合。

首先，請閱讀下列文章並試著思考故事的起承轉合。

從桃子誕生的桃太郎，在老爺爺與老奶奶的照顧下，漸漸長大。某一天，老爺爺與老奶奶拜託桃太郎，希望桃太郎可以趕走惡鬼，於是桃太郎就與狗、猴子、雉雞結伴，一起前往鬼島要去打跑惡鬼。

最後，桃太郎成功打跑惡鬼，得到很多金銀財寶，□□□□□□□□□□□□□□□□□。

上面這段例文，就是大家都很熟悉的童話《桃太郎》。請問，□□□□的部分要填入什麼文字？我想大多數人應該會寫，「回到故鄉過著幸福快樂的日子」、「惡鬼消失了，村民終於可以安心過生活」之類的句子。

儘管細節每個人可能都不太一樣，但基本上，大多數人都會認為這個故事會是好的結局。

預測故事發展，要憑直覺

但是，為什麼這個故事的結局是好的，而不是壞的？比方說：

> 但是，回到故鄉後，村民們為了爭奪金銀財寶，反而引起了糾紛與鬥爭。
>
> 但是，後來老爺爺與老奶奶發現那些金銀財寶都是假貨，結果非常失望。

如上方所述，如果故事發展到最後是個壞結局，各位的感覺又是如何？我想應該多數人都認為不太合理吧？

這則《桃太郎》的童話，從起承轉合來看，在基本架構上就是設定走向好的結局。

這種理所當然的感受，就是培養閱讀能力的重點。我們要**訓練自己將這股感受變成直覺，並用來預測故事的發展**，而不是被動的閱讀至文章最後。

所有的故事，都有固定模式

所謂的起承轉合，指的就是故事發展。這種流程架構與其說是依據邏輯，倒不如說是一種模式。更進一步的說，大多數故事的發展都有固定模式；因為有跡可循，故可以預測。

因此，我們會建議在小學階段，趁早讓孩子接觸這些故事。當然，在日後的學習過程中，孩子們會接觸到更多內容獨樹一格的故事。

不過，我們仍然認為讓孩子了解故事都有固定模式是很重要的——在這個世界上，大多數的人遇到這樣的事情、會採取這樣的行動、然後產生這樣的結果，這是很普通且符合常理的。

透過大量接觸各種故事，鍛鍊孩子對於起承轉合的敏感度，例如：「**依照這個走向來看，接下來的發展應該會是如此**」、「這種故事模式的結局九成九會是如此」。

練習起承轉合的兩個祕訣

以下是練習起承轉合的兩個祕訣：

① 多閱讀小說及看電影。

② 每看完一個故事，就練習抓重點。

閱讀小說及看電影

閱讀是最常見的方式，但並不一定得閱讀嚴肅或正經八百的書籍，看電影或是電視連續劇的小說，也都是很好的選項。

儘管如此，內容及主題還是要慎選。最好是選擇能夠引起孩子的關注，並促使他主動思考的故事類型。

說得具體一點，就是在看故事（劇情）的時候，孩子會一邊看，一邊思考：「這樣演是什麼意思？」、「接下來會怎麼樣發展？」

如果劇情發展得太快，或者是畫面頻繁切換的話，孩子可能會覺得難以靜下心來好好觀賞。

換句話說，在選擇觀賞作品的類型時，「長度」也是一大重點。

例如：推特（Twitter）的字數上限只有 140 字、影音平臺上長度僅限一分鐘，甚至還有不到數秒或是串接而成的短影片，但這些內容自然談不上起承轉合。

從這個角度來看的話，傳統的閱讀依舊是最好的方式。因此，各位家長不妨多挑選孩子感興趣的書籍及題材，並反覆多讀幾次，這將有助於孩子們更加深入了解故事。

更重要的是，在資訊爆量的現代社會，刻意鍛鍊自己的閱讀力尤其重要。

另外，閱讀還分為：用眼睛「閱讀」、唸出聲音的「朗讀」。

如果是不太習慣閱讀，或者**注意力較難集中、較缺乏專注力的孩子，朗讀會是比較適合的方式**。等孩子習慣朗讀之後，再慢慢引導他們用眼睛閱讀即可。

看完故事，練習抓重點

在培養閱讀習慣的同時，也可以讓孩子練習歸納故事的重點。

例如，當孩子看完一本故事書，你可以試著問：「**你剛才看的故事是在說什麼？**」

相信大家都知道，升上國中之後，歸納重點與學習息息相關。不過，不需要從一開始就把歸納想得太困難。

當孩子練習說出自己的重點時，就算順序或內容不太對也沒關係，因為最重要的關鍵，在於**讓孩子用自己的話**

把想法說出來。

例如：利用晚餐時光，問孩子：「今天過得如何？發生了哪些事？」或是，也可以讓孩子照著時間順序，從有印象的事情開始說，然後家長再接著聊下去，讓孩子多練習表達。

除此之外，家長也可以主動跟孩子分享今天做了哪些事，由父母營造出容易開口聊天的情境，孩子也會更願意分享自己的想法。

有些孩子一開始，可能會把一天當中發生的事，說得很流水帳（也有些孩子是基於想和爸媽分享使然）。

畢竟我們的目的是希望讓孩子練習歸納重點，因此適時的反問孩子：「**你的意思是○○○○，對嗎？**」、「**你先整理一下，你想說的事情到底是什麼？**」其實，也就能適度的協助孩子練習歸納。

最後再介紹一個方式，那就是——**製造讓孩子跟別人一起閱讀、討論書籍內容的機會**。儘管我們都知道閱讀是練習歸納重點的好方法，但是只憑孩子自己一個人，其實很難養成習慣。

美國的閱讀教育中，有一種方式叫做「讀書會」。幾個人聚在一起讀同一本書，再針對書中內容互相討論及分享心得。透過這樣的方式，不僅可以讓自己有練習歸納與表達的機會，還能讓自己獲得新的啟發。

跟兄弟姊妹或好朋友一起組成讀書，會是最理想的模式，親子共讀當然也很有成效。不過，**由於親子共讀很容易發展成「教導（家長）／被教導（孩子）」的上對下關係**，因此我們建議家長還是要扮演傾聽者的角色，才能讓孩子充分練習與發揮。

CHECK **閱讀過後，問問孩子的讀後心得，或是在晚餐時和子女聊聊：「今天發生了哪些事？」**

7 表達自己的看法，從小到大都重要

強化國語文能力的第三招，就是「保持自主思考」的習慣。當然，除了自主思考，同時也要培養表達自我想法的能力。

「請閱讀下面這篇文章，自由寫下你的想法。」

應該不少人都看過類似上述句子的考題吧？不過，或許有人一看到「自由」兩個字，反而不知道該怎麼寫。有些人覺得自由發揮很好、想怎麼寫就怎麼寫；但也有人覺得自由發揮，才是最難的題目。

自主思考，到大學都很重要

擁有自己的想法，已受到越來越多人的重視。

現代學生除了必須精通學科領域，也有越來越多的學校會進一步要求參考入學考試的學生，必須擁有自己的主見，也就是自主思考的能力。

事實上，除了私中入學考試，現在的大學入學考試也是如此。

推薦甄試（按：臺灣大學升學管道中，分為「學科能力測驗」和「分科測驗」；前者包括「繁星推薦」、「個人申請」）就是非常重視自主思考能力的升學管道。現在，也有越來越多的人透過此方法成功考上大學。

以私立大學來說，透過推薦甄試而入學的人數，就占了全體新生將近一半。因此，我們可以說，若是不具備自主思考的能力，那麼未來在許多領域，孩子的選擇範圍將會大大受限。

不過，自主思考並不簡單，在此之前，必須先培養自主思考的習慣。

問對一句話，引導孩子思考

究竟該如何引導孩子學會自主思考、擁有自己的想法？請參考下頁圖表 3-2。

圖表 3-2　引導孩子表達自我

孩子的狀態	必要的協助
Z 沒有自己的想法、也不會表達。	**「你覺得怎麼樣？」鼓勵孩子說出自己的感想。** 若孩子表示沒有想法，那麼就改變提問的方式，例如：「你覺得有趣嗎？」再搭配 Yes／No，引導孩子回答。
C 可以說出自己的想法。	**給予孩子肯定。** 當孩子可以主動說出自己的想法，首先要給予肯定，然後鼓勵他試著用更好的方式表達。在對話的過程中，家長也可以表達意見。
B 有自己的想法，也能順暢的表達。	**肯定孩子的想法，並進一步詢問其理由或根據。** 視情況，家長也可以提出相反的意見，讓孩子明白擁有多元視角，以及說話要有憑有據的重要性。
A 不只能夠順暢的表達，還能進一步說明想法的依據。	為孩子製造更多自主思考的機會，支持繼續他成長。

Z 階段會話範例

「你覺得這個故事有趣嗎？」

……先大方向問孩子的感想。

「小狗、猴子、雉雞，你喜歡哪一個？」

……提供選項，讓孩子容易回答。

「為什麼惡鬼要攻擊村莊？是不是有什麼理由？」

……引導孩子深入思考其理由或原因。

若孩子還處於 Z 階段，首先最重要的是鼓勵他試著開口說出來。

假使一開始孩子還沒有辦法說得很好，家長可以用「Yes／No」來提問，但問題一定要簡單、淺顯易懂。

另外，像是「**我覺得〇〇〇〇，你覺得呢？**」由家長先示範說出自己的意見，這也是相當不錯的方式。因為家長的意見有時會成為孩子的靈感，為其思維及觀點帶來不一樣的刺激。

孩子表達想法，要大力稱讚

事實上，Z 階段的孩子不敢說出自己的想法，大多時候是出自於心理層面的問題。

例如：「**如果我講得很差，那就好丟臉**」、「**萬一我說錯了，怎麼辦？**」這種害怕遭到否定的心情，會導致孩子無法說出自己的想法。

因此，家長的引導就顯得相形重要，請多多鼓勵孩子勇敢表達。透過自我表達想法的機會，孩子的口說能力也會有所進步。**當 Z～C 階段的孩子漸漸可以表達自己的想法時，請家長務必大力稱讚。**

例如，讀完一本故事書、看電視新聞、跟朋友玩遊戲、一起散步時等，都可以讓孩子聊聊自己的想法。隨著孩子表達自我想法的次數越多，對於培養自主思考的習慣就越有幫助。

接下來，自主思考有以下 3 個習慣。

① 每天閱讀 10 分鐘，說出自己的心得。

② 在上課前就先閱讀課本，針對內容試著自己先思考看看。

③ 每天寫 3 分鐘日記。

每天閱讀 10 分鐘，說出心得感想

當我們在思考起承轉合時，注意力往往會放在書中內容，但在這裡我們要再更進一步去思考「書裡沒有寫的內容」，然後練習說出自己讀後的感想。

在上課前，就先閱讀課本

也就是，在上課前就先預習課本的內容，並試著提出疑問或是感想。

一篇文章（課文）的篇幅長度並不長，對小孩子來說，可說是最適合的讀物。

如果是故事型的文章，可以教孩子試著去思考登場人物的心境；如果是說明型的文章，就可以教孩子去思考文章內容所提到的議題或觀點。

◆〈故事型文章〉

「如果你是故事裡的某某角色，你會怎麼做？」、「對於某某角色的這個舉動，你的感覺是什麼？」諸如此類的提問，讓孩子思考並寫下自己的感受及想法。

◆〈說明型文章〉

首先，一邊閱讀文章，一邊抓出文章的重點關鍵字。例如，地球暖化現象，關鍵字當然就是「暖化」。

針對該篇文章的內容，以及作者的觀點來思考，一樣要將自己的想法筆記寫下來。

每天寫 3 分鐘日記

寫日記最重要的是持之以恆，也就是每天都要寫。在尚未養成習慣之前，可以先縮短寫日記的時間，也就是從短篇日記開始。或是將內容簡化，例如：「今天發生的事情」、「今天我想到的事情」。

「前幾天的數學考卷，今天發回來了。我本來以為自己會考得不錯，結果卻沒有，我好失望。」

「今天跟好朋友 A 約好下個星期日要一起出去玩，我好期待，一想到就好興奮。」

當孩子越來越習慣寫日記之後，就可以加長內容的長度，也可以越寫越詳細。

最重要的是，要讓孩子習慣寫下自己的想法、感受。等到建立起寫日記的習慣時，家長就可以參考第 148 頁的 ZCBA 圖表，引導孩子練習更好的表達方式。

讓孩子多多表達、寫下自己的想法，並且給予大大的讚美及鼓勵！

第四章

面對
英文大魔王

1 英文只會越來越重要

目前普遍認為，未來私中入學考試會越來越重視英文。行有餘力的話，我們建議家長務必為孩子培養良好的英文基礎。

學習英文有以下 4 項訣竅：

① 養成隨時隨地查單字的習慣。

② 培養英文語感，以及熟悉英文字母。

③ 善用交流、溝通，加強表達能力。

④ 增加接觸異國文化的機會。

在英文學習方面，大多數的孩子都是從 Z 階段，也就是在什麼都不懂的狀態起步，因此格外需要家長細心給予鼓勵與引導。在接下來的篇幅中，我們也會針對上述 4 項訣竅逐步說明。

CHECK **4 項訣竅，讓學習英文事半功倍！**

2 用小尺寸筆記本背單字

學英文，最重要的就是單字。就算你的文法再怎麼厲害，若缺乏足以表達意思的單字，你的想法就完全無法傳達出去。

然而，不少孩子在升上國、高中之後，為了考試而卯起來背單字、片語，卻吃盡苦頭，甚至因此開始害怕學英文。

基本上，所謂的學單字，就是單純解決疑問、滿足知識好奇心而已。例如：「**〇〇的英文要怎麼說？**」、「**這個字是什麼意思？**」

在日常生活中，當你看到某個英文單字，心裡閃過「這是什麼意思？」的念頭時，當下就可以用手機查詢，又或是反過來思考：「這個詞的英文要怎麼說才對？」

各位家長不妨從日常生活中，多與孩子互相討論，甚至是一起查單字。

如果在辭典中看到不懂的新單字，當下務必要馬上用螢光筆畫起來。

不過，有一點要特別注意，那就是孩子自己查辭典，有時不見得能找到正確答案。

例如：「快」在英文裡面其實有不同的表現方式和意思：「事情發展得很快」的「快」（fast）與「車子速度很快」的「快」（quickly），就是完全不同的單字。

因此，我們建議家長可以一邊看著解說及例句，一邊協助孩子找到正確答案！

圖表 4-1　引導背英文單字

孩子的狀態	必要的協助
Z 對於英文毫無興趣。	在路上看到英文時，主動問孩子：「你知道那個單字是什麼意思嗎？」
C 對於英文有興趣。	與孩子一起翻辭典、查單字。
B 會自己翻辭典、查單字。	幫孩子檢查單字是否正確。
A 可以靠自己查到英文單字的正確意思。	稱讚孩子的表現，鼓勵他養成隨時查單字的好習慣。

使用小筆記本背單字

每查到一個新單字，就寫在筆記本上吧！筆記本不用選擇尺寸太大的（例如 A4），一般的記事本或萬用手帳的大小就可以了。

太大本的筆記本，如果一頁寫得密密麻麻，結果反而不容易找到單字，此外當孩子想要複習時，也會產生「內容好多、好懶得看」的倦怠感，因此建議**一頁記錄 6～10 個單字即可**。

CHECK　**讓孩子習慣查辭典，使用小尺寸的筆記本背單字。**

3 搭配專用的點讀筆

在學校想要跟上進度，就必須盡快熟悉英語發音與字母。

如果聽不習慣英文，那麼孩子會很容易因為跟不上進度，而大幅影響學習效果。

此外，若不熟悉英文字母，孩子可能光是抄寫英文字母就十分吃力，更不用說要理解內容、做筆記了。為此，儘早讓孩子習慣聽英文並且熟悉英文字母吧！

聽英文，從模仿開始

讓孩子習慣聽英文，其實就是在培養孩子的語感。而學習語感最有效的方式，就是「模仿」，包括學習英文的發音及聲調等。

由牛津大學出版社（Oxford University Press）所發行的《牛津閱讀樹》（*Oxford Reading Tree*）系列叢書，可以搭配專用的點讀筆來閱讀學習，是一套非常值得推薦的兒童英語學習教材。

圖表 4-2　模仿英文語感

孩子的狀態	必要的協助
Z 對於英文毫無任何興趣。	在路上，主動問孩子：「你知道那個單字是什麼意思嗎？」
C 對於英文有興趣。	與孩子一起翻辭典、查單字。
B 或許還不夠流暢，但是孩子已經會唸評量上的英文例句。	稱讚孩子唸得好的地方，唸得不流暢、卡住的句子或單字，則由家長來協助。
A 可以流暢唸出評量上的英文例句。	引導孩子試著唸第一次看到的新單字或文章。稱讚孩子唸對的部分，唸錯的部分則由家長帶著孩子一起學習。

在英國有 80% 的小學都選用這套叢書作為授課教材。從初級單字開始，一直到中學階段的文法，共分 10 個級別，內容可說是相當充實。

此外，搭配專用的點讀筆，除了可以讓孩子一邊聽專業的發音，一邊練習跟著朗讀，跟著書中的插畫，也能盡情享受每一則故事！

如同前面所述，練習朗讀的時候，一定要特別注意發音及聲調，並透過實際唸出來（模仿），讓身體習慣、記住英文的發音及說話方式。

反覆練習之後，最後就可以讓孩子試著關掉點讀筆，靠自己朗讀繪本的內容。在沒有示範的情況下，遇到唸得不順或卡住的地方，就拿出點讀筆再聽一次，然後馬上模仿發音，並且再重新朗讀繪本。

26 個英文字母，26 秒內寫完

想要讓孩子學好英文，把英文字母練熟是最大關鍵。最理想的目標是，26 秒寫完 26 個大寫英文字母、20 秒寫完 26 個小寫英文字母。

孩子寫完以後，可以由大人檢查。例如：**經常會搞混寫錯的小寫：b 與 d、p 與 q、u 與 v。**

諸如此類的錯誤，孩子自己通常很難察覺，因此必須由大人從旁協助。

另外，在購買四線字母練習簿時，**建議選擇中間兩條線間距比較寬的格式**。中間的間距寬一點，在練習寫小寫字母的時候，會比較容易書寫。

Abc
中間的間距寬一點，比較
容易寫小寫英文字母。

圖表 4-3　練習寫英文字母

孩子的狀態	必要的協助
Z 無法正確寫出英文字母。	先練習寫字母，寫完後再由大人檢查。
C 可以正確寫出英文字母。	利用計時器，在限時內寫完 26 個字母，之後再由大人檢查。
B 能在規定時間內寫完大小寫字母。	孩子寫完以後，由大人檢查。
A 可以順暢流利的寫出許多英文單字。	孩子寫完以後，由大人檢查是否有筆畫細節方面的錯誤。

使用點讀筆來練習朗讀英文，也要勤練習書寫英文字母的大小寫。

4 市面好多學習 App 可參考

小學 3～4 年級，學校會開始教英文；5～6 年級，則是進入英語的生活會話。一開始，可先讓孩子照課本的例句練習；等到孩子較為熟練之後，就可以鼓勵他試著用英文表達句子。

圖表 4-4　引導孩子練英文口語能力

孩子的狀態	必要的協助
Z 看不太懂英文。	掃描課本裡的 QR Code，聽聽看範例都怎麼說。
C 可以閱讀英文課本的內容，但斷斷續續。	模仿音檔範例，逐句練習。
B 課本教過的內容，皆可流利的說出口。	由大人從旁協助並檢查孩子的發音。
A 可以用英文造句、流利表達。	試著用英文和孩子對話，遇到不懂的單字，就一起查辭典。

除了課本以外，有些標榜外語教學的節目也是不錯的學習管道。例如，「NHK for School」網站，至今播放過

的節目列表都可以在網站上收看。

當孩子的英文朗讀越來越流利，也請家長別忘記給予鼓勵及肯定。

還有一個重點，**看完英語教學節目，當天請至少實際演練一次**。不管聽、看多少次，若沒有實際說出口，那麼效果都是大打折扣。尤其學習語言，更需要養成說英文的習慣。

除了網路、電視，用 App 學習英文，也是很常見的管道之一。例如：「多鄰國」（Duolingo），就是用益智問答的形式來學習英文。

學習外語最重視持之以恆，如果無法天天練習、持續使用，那麼資料庫再強大的 App，也終究派不上用場。從每天撥一點時間開始，再慢慢延長使用時間，養成持之以恆的習慣吧！

CHECK　**透過電視節目或 App，與孩子實際練習用英文對話。**

5 無痛學英文，可能嗎？

想要快樂學英文，最重要的關鍵就在於，找到孩子感興趣的事物。

為此，請讓孩子多接觸異國文化。每個人的興趣都不一樣，會對什麼樣的東西著迷，誰也說不準，所以多方接觸，才能讓孩子找到自己真正感興趣的事物。

下列幾項是常見的興趣敲門磚。

聽英文歌

說到學英文，一般都會想到英國搖滾樂團披頭四（The Beatles）的經典名曲，或是鄉村搖滾類型的音樂；不過，我們更推薦孩子喜歡且會一直重複聽的英文歌曲。

因為，在重複聽的過程，對於音樂旋律、英文歌詞越聽越熟悉，孩子通常很快就能琅琅上口。

就算孩子年紀還小、只會唱副歌也沒關係，光是如此，就足以增加英文單字量，並且讓孩子感受到成就感。

跟喜歡的明星或名人學最快

曾經在聯合國演講大會上進行演講的韓國偶像團體防彈少年團（BTS），當時由隊長金南俊（藝名 RM）代表，全程使用英文演講；2021 年，在北海道夕張國際奇幻影展得獎的演員真榮田鄉敦，在致詞時，也說著一口流利英文。現在，有越來越多的明星藝人們，其實都具備相當不錯的外語能力。

除此之外，在 YouTube 上，也有這些明星公開說英文的影片，我們也很推薦孩子可以多加利用。

因為擁有多國語言能力的明星藝人，對於孩子來說，是最好的榜樣。

製造說英文的機會

增加實際用英文與他人交流的經驗，這將成為孩子珍貴的資產。例如，日本最近很流行店內只講英文的「全英文咖啡廳」，網路上也有許多線上對話教學的英文學習平臺。

收看專門介紹異國文化的電視節目，也是一個不錯的選擇；或是在 YouTube 上面搜尋關鍵字「○○（地名）

Vlog」，去找一些由觀光客或在地居民所拍攝的影片，說不定會有更多收穫。

> **CHECK** 有趣，是最強大的學習動力，能夠刺激孩子想要學、想要說的欲望。

第五章

新型考題的準備訣竅

1 基本學科，只是基礎

雖然公立國中從以前就有推甄入學[1]，但現在也有越來越多的私中跟進，開始重視多元化學習。

另外，因應時代潮流的改變，各所學校也有各自的特別入學考試。例如：只看英文成績的「英文入學考試」、只看小論文的「作文入學考試」等，招生方式可說是非常多元。

更重要的是，儘管一般入學考試的科目沒有改變，但試題方向其實已有了新的變化——越來越重視孩子的思考力、判斷力、表達能力。

而無論是哪一種入學管道，其所重視的本質與能力都是相同的。

當然，這並不是說基本學科不重要，但若是家長認為，只要把基本學科學好就沒問題，可就大錯特錯，甚至會讓孩子未來的選擇大幅受限。私中入學考試的變化，不

1　在臺灣，國小升國中僅有部分私立學校要考試，而且大部分只有入學後的能力測驗。

僅止於中學範疇，甚至也與未來的大學入學考試息息相關，請家長務必明白這一點。

接下來，我們將**依據升學考試，將題型分成 3 大類**。並以實際的考題（按：本章補充臺灣相關試題），讓家長了解到新型考試的變化。

> CHECK　**傳統填鴨式的讀書方法，將變得無用武之地。**

小學生攻略

臺灣的新型考題，你跟上了嗎？

依現行《國民教育法》，國小畢業生須按學區分發國中，但仍有不少私立明星國中，巧立各種名目招生，反讓私中吹起一股多元入學風，導致許多家長更加擔憂。

一般而言，私中入學考試大多以國文、英語、數學筆試為主；或是甄選入學時，要求提交特殊專長成果證明、開放式問答等。

（接下頁）

其次，因應 108 課綱，主在培養閱讀能力及理解能力，因此素養導向的題型比例亦逐年增高。然而，這也意味著，不只學科知識，學生還需要活用知識。

素養導向，主要有以下 4 大方向：

①情境化：引導學生思考探究課堂所學與生活之關聯性。

②整合運用能力：閱讀理解、邏輯推論、圖表判讀、批判思考、歷史解釋辨析、資料證據應用等。

③跨領域或學科。

④表達說明的能力。

2 圖表、符號、文言文……最新試題攻略

新型考題的出題走向，以評量學生的思考力、判斷力、表達能力為主。我們根據近年來的出題趨勢，分析出以下 3 大題型：

① 思考能力：歸納訊息、分析圖表或資料。

② 判斷能力：依據規則及文脈，下結論。

③ 表達能力：闡述自我想法或經驗。

接著，讓我們根據實際考題，一一來分析解題方向，藉此更清楚了解未來考試的出題趨勢變化。

CHECK **3 項重點能力，掌握出題走向。**

① 歸納訊息、分析圖表或資料

◆ 理解複雜文章

① 最近我和經常去的壽司店老闆聊天時，他坦白承認：「老實說，您剛到我們店裡來時，我好擔心您付不起帳。」

② 我說：「哦？我看來像那麼窮嗎？」老闆居然老實且斷然的回答：「像！」

③ 我從來沒想過這種事，不過，穿著短褲和海灘涼鞋，走進不熟的壽司店，的確會讓人擔心付帳能力；如果再戴上普通球帽，留著鬍子之類的話，事情就更麻煩了。

④ 這麼說來，我到其他店，座位明明空空的，但店員眼睛骨碌碌的盯著我全身上下，然後說「很抱歉，現在預約已經滿了。」說不定也是這麼回事。嗯，是嗎？原來我看起來這麼沒錢。

⑤ 如果能穿得稍微像樣一點的話就好了，不過因為一直在家工作，所以已經習慣於穿隨興的衣服、過隨興的日子。話雖如此，還是應該注意

（接下頁）

外表，最好看起來能像一般市民的程度才好。

⑥ 以前，我到高級的旅館住時，也許外表看來很樸實吧，就被帶到一間不虛榮的房間，只給我最起碼的服務。雖然如此，以我來說，能適度的不理我，反而覺得輕鬆，我可以很悠哉的放鬆休息；端出來的餐點，內容接近粗食也無所謂。

⑦ 然而到了第二天，忽然把我換到一間氣派的房間，端出截然不同的高級餐點來，我正懷疑到底怎麼了，女主人出來說：「啊，不知道是先生您，失敬了。」聽到「先生您」，我忽然緊張起來，肩膀也僵硬了，早早退房離開。不過事後想想，女主人態度居然能那麼突然、像手掌翻面般改變啊。

⑧ 我以前讀過一個大富翁變裝成貧民走進高級餐廳的故事。雖然那是他常去光顧的餐廳，但因為變裝得很巧妙，所以並沒有被識破。被趕出門外之後，他脫下變裝說：「喂，是我啊！」不過店老闆卻說「不管你是誰，既然裝成乞丐就是乞丐了。」還是把他趕走。

（接下頁）

⑨ 如果以這個道理推論，旅館女主人也能分清楚「喔！不知道你是小說家或什麼，不過既然穿得一副窮模樣，就是窮人哪！」別理我就好了！那麼我也可以更輕鬆自在的快樂住下來。

- 在作者所說的話中，下列何者最具有「自我反省」的意味？

(A)是嗎？原來我看起來這麼沒錢

(B)不過態度居然能那麼突然，像手掌翻面般改變啊

(C)別理我就好了！那麼我也可以更輕鬆自在的快樂住下來

(D)還是應該注意外表，最好看起來能像一般市民的程度才好

- 本文第四段「說不定也是這麼回事」，作者所指的是下列何者？

(A)被適度的不理睬反而輕鬆

(B)被店家擔心沒有付帳能力

（接下頁）

(C)被識破變裝巧妙委婉打發

(D)被說既然裝乞丐就是乞丐

- 「店員眼睛骨碌碌的盯著我全身上下，說：『很抱歉，現在預約已經滿了。』」店員為何會對作者做出如此的反應？

(A)作者身穿短褲、涼鞋之類隨興的服裝

(B)作者戴個棒球帽故作神祕，鬼鬼祟祟

(C)作者說話的方式非常隨便，有失禮貌

(D)作者曾有忘了帶錢而無法付費的窘況

- 對於被餐廳或是旅館老闆們視為窮人，作者的態度是下列何者？

(A)相當生氣

(B)認為不受尊重

(C)感到無可奈何

(D)反而覺得自在

※ 引用：宜蘭私立中道中學，111 學年小六學科能力探索評量國語科試卷。

正確解答分別為 D、B、A、D。此題的重點在於，每個人閱讀文章後的感想不盡相同，但考生是否能從長文中正確篩選出來，重點就在於「理解能力」。

從此則題型可以看出，校方重視的是，**考生是否擁有多元視角的思考力**。較長文章的比較，在大學的入學考試當中，也是相當常見的題型。例如：

請先閱讀第一大題及第二大題的文章。下面五個選項分別為五個人在閱讀兩篇文章後所寫下的感想文，請從這五個選項中選出文不對題者。

CHECK

針對一項「主旨（主題）」，採取多元視角的思考力及理解力是關鍵重點。

◆ 分析圖表，找出問題

根據研究，隨著都市發展，不僅會對氣候造成影響，同時也增加了因局部大雨或豪雨，而引發水災的風險。請以下方兩張圖片，闡述理由。

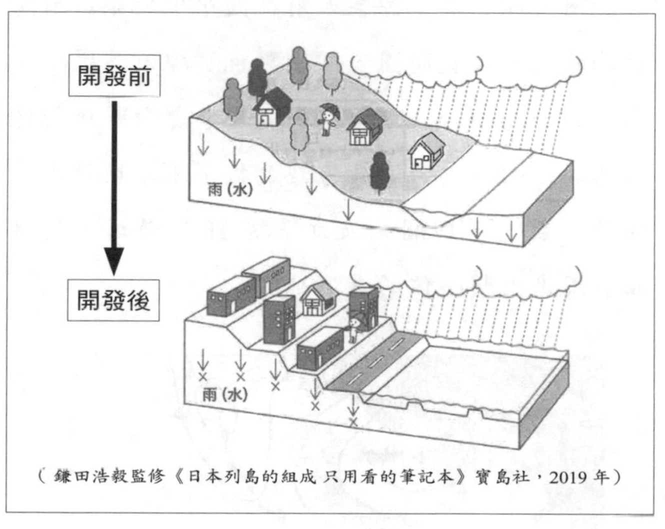

（鎌田浩毅監修《日本列島的組成 只用看的筆記本》寶島社，2019 年）

※ 引用：日本澀谷教育學園幕張中學，2022 年社會科。

此題的重點，是**比較上下兩張圖，從中找出差異並且發現問題**，例如：排水風險。不能只是寫出「樹木不見了」、「大樓蓋起來了」這種表面上的差異，而是須從

「大樓興建」、「下方圖表被打上了×符號」等訊息中，發現重點：因為開發，導致山的表面都被僵硬的水泥覆蓋住了。

圖（14）為小佐某天前往圖中甲地旅遊前所查詢的地面天氣簡圖，圖中黑色實線為等壓線，已知圖中 H 和 L 的天氣系統未來會向圖中箭頭所指的方向移動，因此他認為接下來甲地應為晴朗的天氣。下列關於天氣系統 H 的敘述，何者最能用來說明小佐的看法？

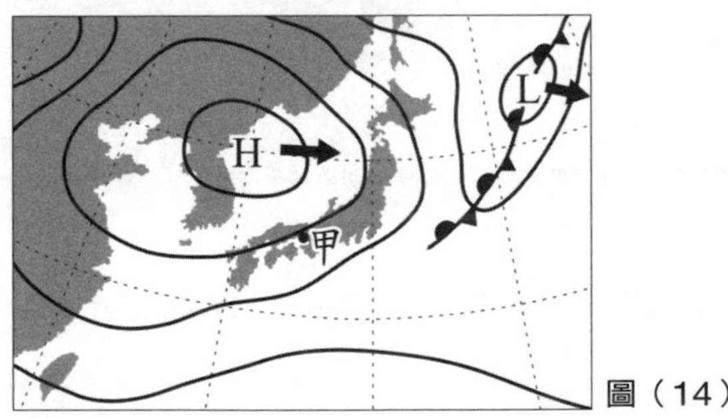

圖（14）

(A) 中心近地面的氣流下沉，水氣不易凝結。

(B) 中心近地面的氣流上升，水氣不易凝結。

（接下頁）

(C) 中心近地面氣壓比附近外圍低，水氣含量較少。

(D) 中心近地面氣壓比附近外圍高，水氣含量較高。

※ 引用：112 年國中教育會考自然科。

這一題的主旨是參照天氣簡圖，從中找出正確的敘述。乍看之下會感覺這題好像很難，但其實只要仔細**判讀天氣圖中隱藏的訊息：高壓中心（H），氣流下沉、水氣不易凝結，就可以得到正確答案 A。**

接著，**是藉由多張圖片，測試學生解讀能力的考題。**而我們從文中，即可發現 C 的敘述有誤。

- 玉器因為外型差異而有不同稱呼，下列玉器介紹與圖片的配合何者有誤？

  (A) 圭

  (B) 璧

（接下頁）

(C) 琮

(D) 璜

稱呼	(A) 圭	(B) 璧	(C) 琮	(D) 璜
介紹	古代諸侯在大典時所持的玉器，上尖下方。	古代用於祭祀的玉質環狀物，為扁平圓形，中央有圓孔。	古代用於祭祀的玉質筒狀物，中有圓孔。	古代貴族朝聘、祭祀、喪葬時所用的禮器，呈弧形。
圖片				

※ 引用：宜蘭私立中道中學，小六學科能力探索評量109學年度國語科。

從圖表中吸收複數情報並從中做出正確判斷，需要發揮觀察力及思考力。

◆ 分析圖表，闡述自我想法並建立假設

圖（9）呈現我國 1998 至 2018 年間，收入最高 20% 家庭與收入最低 20% 家庭的可支配所得成長率變化，其中灰階區塊是曾發生經濟成長率大幅衰退的兩段時間。根據圖中內容判斷，上述兩個灰階區塊的數據，呈現出下列哪一現象？

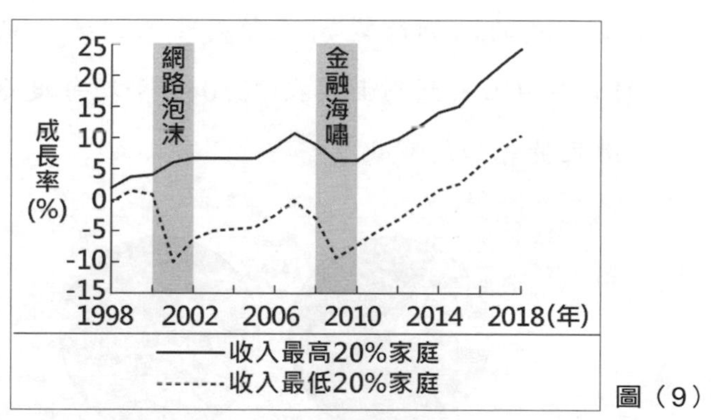

圖（9）

(A)收入較高者的財富減損情況較嚴重。

(B)收入較低者的生活面臨較嚴重衝擊。

(C)經濟大幅衰退造成區域間發展不均。

(D)經濟大幅衰退反而縮小了貧富差距。

※ 引用：112 年國中教育會考社會科。

由上方圖片可知，收入最低 20% 因為網路泡沫、金融海嘯，皆使成長率變成負成長，因此答案為：(B) 收入較低者的生活面臨較嚴重衝擊。

圖（15）為甲和乙兩國在 2015 年，以及 2030 年時預計達成的發電方式比例圖：參考表（6）資料，假設沿用同樣的發電機組，僅考慮發電方式的比例改變，不考慮其他因素，則與 2015 年相比，預測兩國在 2030 年平均每度電的碳排放量會如何變化？

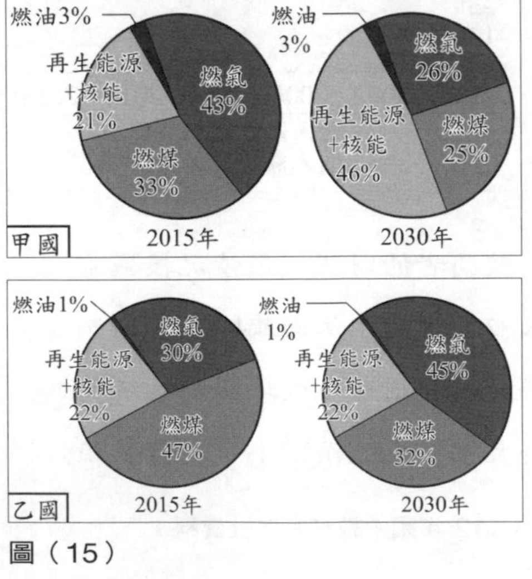

圖（15）

（接下頁）

(A)兩國都會增加

(B)兩國都會減少

(C)國增加，乙國減少

(D)甲國減少，乙國增加

機組	每度電碳排放量（g）
燃煤發電	約 790
燃氣發電	約 380
核能發電	接近 0
再生能源發電	接近 0

表（6）

※ 引用：111 年國中教育會考自然科。

甲國具有碳排放的發電方式，故總碳排會下降；乙國則是因增加低碳排放的燃氣發電比例，故總碳排一樣會下降；正確答案為 B。

類似的題目，還有日本大妻中學校，於 2021 年出的社會科題目：

請根據原油價格走勢圖及訪日觀光客走勢圖，試著闡述「為什麼自 2020 年起，原油價格下跌了？」

CHECK

當資料來源不只一種時，須將其中隱含的訊息結合自我的論述，進行假設及闡述。

② 理解陌生規則及文脈的判斷力

◆ 四格漫畫題型

資料1：E・O・plauen《對不起！鬍子爸爸 淘氣男孩要去哪？》青萌堂

※ 引用：日本芝浦工業大學附屬中學。

閱讀完這篇四格漫畫，請在空白的第三格畫出你認為應該填入的內容，並以 150 字～200 字針對第三格進行說明。

這題的重點並不在畫工如何，而是為了測驗考生是否能順利解讀漫畫的前後順序及敘事邏輯。

題目除了一篇四格漫畫，還附註了一段童謠歌詞。乍看之下兩者似乎毫無相關，但**考生必須從中找出關聯性，**這與前面我們所提到的比較複雜文章的題型也很類似。

柱子的刻度是前年的　男兒節比身高
粽子吃著吃著　哥哥替我量身高
昨天一比　如何呢
好不容易　長高到羽織的外套　繫帶的長度

※ 引用：日本童謠《比身高》。

CHECK　**整理訊息，理解上下文脈並進行判斷。**

◆ 複雜的文言文，評量學生的理解力

楊朱見梁王，言治天下如運諸掌。梁王曰：「先生有三畝之園而不能耘，而言治天下如運諸掌，何也？」對曰：「君不見牧羊者乎？百羊而群，使五尺童子荷杖隨之，欲東而東，欲西而西。使堯牽一羊，舜荷杖隨之，則不能前矣。且臣聞之：吞舟之魚，不游支流；鴻鵠高飛，不集汙池。何則？其志遠也。黃鐘大呂不可從繁奏之舞。何則？其音疏也。將治大者不治細，成大功者不成小，此之謂矣。」

——改寫自《列子．楊朱》

- 根據本文，關於梁王與楊朱的敘述，下列何者最恰當？

  (A) 梁王認為治理天下應重視禮樂之道

  (B) 梁王質疑楊朱是否具有治理天下的能力

  (C) 楊朱貶抑堯、舜，能治天下卻不能牧羊

  (D) 楊朱以牧羊為例，說明治天下須從小事做起

（接下頁）

- 下列文句，何者最能呼應文中「吞舟之魚，不游支流；鴻鵠高飛，不集汙池」的涵義？

  (A) 狡兔死，良狗烹；高鳥盡，良弓藏

  (B) 高飛之鳥，死於美食；深泉之魚，死於芳餌

  (C) 騏驥千里，一日而達；駑馬十駕，旬亦至之

  (D) 剖三寸之蚌，難得明月之珠；探枳棘之巢，難求鳳凰之雛

※ 引用：112 年國中教育會考國文科。

開頭的文言文或許會讓很多考生嚇到，畢竟升上國中之後才會開始學習文言文。

但其實，只要掌握故事的模式來判斷，應該不難發現題目的主旨；解答分別為 B、D（按：第二個題目的原意為志向遠大之人不會甘於平庸）。

這題的重點在於，理解文章起承轉合的文脈邏輯，做出正確的闡述。

CHECK

在閱讀故事時，可以理解一般文章的起承轉合並且做出正確的闡述。

◆ 馬雅數字問題

太郎、花子和老師，三個人正在說話。

老師：太郎，你在看什麼書啊？

太郎：老師，因為之前有教到電腦是用 0 和 1 進位，所以我就到圖書館找了一些書。這本書上面介紹了很多不一樣的數字呈現方式！

花子：你是說除了 1、2、3……還有其他種寫法嗎？

太郎：沒錯，比方說，國字是用一、二、三、四來表示。

花子：對欸，1 和一，雖然都是一，但表現方式卻完全不一樣，我以前都沒注意到！

太郎：不只如此，除了阿拉伯數字，其他還有羅馬數字！

花子：英文的話，應該就是 one、two、three 吧！

先生：數字的表述方式，其實依國家及時代的不同，表現方式也不盡相同，例如：符號、文字等。太郎，你印象最深刻的是哪一種？

（接下頁）

太郎：老師，我覺得距今約 2000 年前、在墨西哥南部及中美洲北部曾繁華一時的馬雅文字最特別。

圖1　阿拉伯數字和馬雅數字

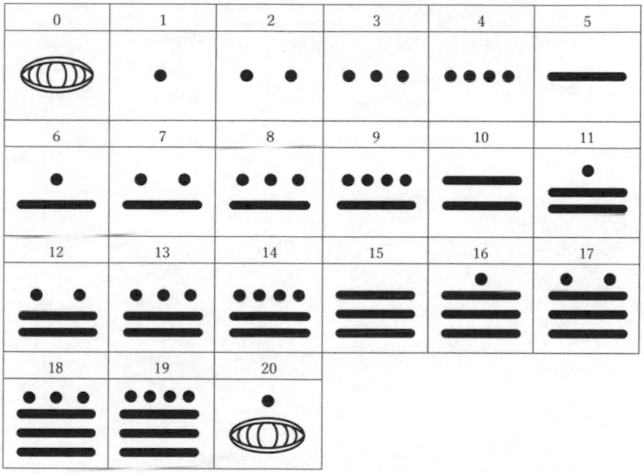

0	1	2	3	4	5
6	7	8	9	10	11
12	13	14	15	16	17
18	19	20			

※ 引用：日本郁文館中學校，2021 年適性檢查入學考試。

這個題目的目的，是為了測試考生是否能夠觀察出其中的規則性，並加以應用。

大部分的考生都對馬雅數字感到很陌生，更不用說 20 進位記數系統，因此這個考題是為了測試考生當下是否能夠**從已知的訊息中，判讀出陌生的規則**，並且靈活應用的能力。

CHECK **考試當下要能夠判讀陌生的規則，並且理解、活用。**

③ 闡述自我想法或經驗的表達能力

◆ 思考日常生活中的權利與義務

美國的反體罰組織於 1998 年發起「不打小孩日」的活動，目的是藉著這一天宣傳反體罰的兒童人權觀念。這個最先在美國推動的活動，迅速得到國際社會的響應，2001 年起，其他反體罰及兒童人權團體也開始於 4 月 30 日這一天舉辦各種活動，倡議終止體罰兒童，並推廣正面的管教方式。2006 年，在國內許多民間團體共同響應下，臺灣也參與「國際不打小孩日」的活動，圖（16）是相關活動的宣傳標語。

我國政府也致力建立更完善的法律制度來保障兒童權益，並以符合聯合國的標準為目標。例如，修訂《兒童及少年福利與權益保障法》，促使政府、社會大眾與家長正視兒童福利與

圖（16）

（接下頁）

虐待兒童的問題；修訂《教育基本法》，明文禁止校園體罰，藉由公權力保障學生不受體罰。

政府的各種作法，目的是預防及保護兒童免於一切形式的暴力侵害，希望提供兒童更完善的成長環境。

- 關於文中活動理念對臺灣帶來影響的過程，最適合以下列何者說明?

(A) 法律修改程序的變化

(B) 科技發展帶來的衝擊

(C) 風俗習慣的文化傳承

(D) 全球化下的文化交流

- 根據圖（16）判斷，關於這則宣傳標語所呈現的意義，下列敘述何者最適當?

(A) 主張對實施體罰者提起訴訟加以處罰

(B) 藉由改變家長價值觀來帶動社會變遷

(C) 上街請願要求國家立法保障兒童福利

(D) 推廣法治教育教導兒童保護自身權益

（接下頁）

- 關於文末前、後所提及我國的兩項法規，下列敘述何者最適當？

(A) 以法律位階而言，前者具有最高性

(B) 以法律位階而言，後者具有固定性

(C) 以修法程序而言，皆須經總統公布後才生效

(D) 以修法程序而言，皆可由行政機關自行修訂

※ 引用：112 年國中教育會考社會科。

這是來自其他國家的倡議，故屬於 (D) 全球化的交流。題目雖然有問到宣傳標語，卻並未提到任何法律訴訟，因此正確答案為 (B)。最後，因文中兩條法律皆為法律位階（按：由低至高，分為命令、法令&緊急命令、憲法），故須由總統公布後乃生效 (C)。

這類型的考題重點，在於**從法律與義務的觀點，來思考日常生活中的大小事**。例如：防疫政策的公平性、人民選擇職業的自由性等。換句話說，除了與自己息息相關的層面，學生的思考能力還要再拓展至社會情勢。

CHECK

- 具體提出自身的經驗與社會觀察，並進行闡述。
- 不能死記專有名詞，而是主動思考：「在什麼情況下？」、「該怎麼做才好？」、「這麼做真的是對的嗎？」。

◆ 分析符號，闡述自己的看法

上方的插圖，被稱為「象形符號」（pictogram），而左右兩側分別是於 1964 年與 2020 年奧林匹克所設計的圖標。

雖然這是當時主辦單位為了因應日本人英語不好，而以非文字的方式來設計，但這個圖標目前也廣泛應用於在日常生活中。

（接下頁）

現在，左側的圖標已經越來越少見，反而是上述符號更為常見。

請針對上述文字圖像化，闡述自己的意見，600 字為上限。

※ 引用：日本大妻中野中學校，2021 年新思考力入學綜合考試。

既然上限是 600 字，那就表示不一定非得要寫滿 600 字；比起計較字數，更重要的是內容。

若要闡述從文字變成非文字，**舉出具體實例**會是最好的做法。

例如：

- 以前用文字傳訊息，現在都用 LINE 貼圖聯絡。
- 以前的使用說明書以文字為主，現在則是以影片居多。
- 以前看書（文字）是用讀的，現在隨著有聲書相關服務的普及，「聽」書的機會變多了。

像這樣，具體舉出實例，就是很好的作答方式。

另外，若還能加上：「LINE 貼圖很方便」、「光看影片有時仍然無法了解，還是得看文字說明書」**這類肯定／否定的意見，也就是善用優點及缺點來做客觀的論述，也能獲得較高的分數**。

除了表達自己的想法及意見之外，建議平常就要多練習從多元視角來客觀分析社會現象。**在表達自我想法之餘，加上客觀的意見論述，才能得到更好的評價**。

CHECK 深入探討自己生活周遭的事物，強化表達能力。

3 升學關鍵：混合題型

看到前面列舉的新型考題之後，你有什麼感想？

「怎麼跟我以前學的都不一樣了……。」應該不少家長都會這麼想吧？其實，即便身為老師的我們，也是每年為了考試而戰戰兢兢。

那麼，我們究竟該如何應對這樣的新趨勢？本書無法教你一招打通關的技巧，我們所能傳授的，就是教你如何針對新型考題、新趨勢打好基礎。

如前所述，新型考題、混合題型，與大學入學考試息息相關。趁現在的階段打好基礎，也是為了在大學入學考試時勝出。

透過家庭學習打好基礎，即便是新型考題，孩子也能得心應手！

4 資料及圖表，一次只能處理一個

新型試題的趨勢中，尤其以架構複雜的文章、圖表解析，備受各界關注。或許很多人會覺得難度太高，但其實這種題型在國家考試[2] 相當常見。

例如，圖表題型非常多，或是需要考生閱讀文章並同時分析資料；其他像是對話形式的文章，也是熱門考題之一。

那麼，面對這種大量圖表及複雜文章的題型，究竟該怎麼準備才好？

正確的解題態度是：**不要一次處理太多訊息**，而是將資訊**依序仔細分析**。

比方說，如果要比較兩篇文章，那就每看完一篇就試著抓重點，如此一來，答對的可能性就會大幅提高。圖表也是如此，將兩個圖表一起做比較，並從中讀取正確的訊息，答案很快就會水落石出。

2　指由日本教育部舉辦的「全國學力測驗」，參加考試對象為小學 6 年級至國中 3 年級，全名為「全國學力 ・ 學習狀況調查」。

破解圖表題型的訣竅

那麼，孩子在家要怎麼準備，才能針對新型考題打好基礎？

參加讀書會，讓孩子找出自己漏看的地方

以國語來說，**每讀完一個段落，就必須開始抓重點，**並且同時思考每個段落之間的關聯性。

雖然，這在家裡會較難以落實，但誠如第三章所述，閱讀是非常重要的關鍵。

因此，不妨試試看讀書會，因為比起一個人埋頭苦讀，能夠跟別人一起讀、互相討論，這樣的閱讀效果是最強大的。

為什麼會這樣說？因為，這**可以讓孩子發現自己漏看了哪些地方**。

在討論的過程中，若孩子能詳細的說出「在書中的哪一段有這麼寫」、「第幾頁的第幾行，主角說了這番話」，像這樣才代表是真的有讀進去。如此刺激孩子養成仔細閱讀（或反覆重讀）的習慣，閱讀能力也會隨之大幅提升。

善用圖表，發現隱藏的資訊

◆ 看報紙，訓練解讀圖表的能力

分析圖表資料，也是如此。跟別人一起討論，更能提升自己分析圖表的能力。

或許有人會問：「可是，哪裡有圖表或資料可以練習？」我們最推薦的練習方式，就是看報紙。**報紙可說是各類圖表的寶庫，實際上現在也有不少考題就是出自於報紙新聞**。

◆ 讓孩子先想：這是什麼的圖表？

以下分享我們在課堂上練習分析圖表資料的方式（混齡班，小學 3 年級至國中 3 年級）。

首先，請看下頁圖表。

第一步，**請大家先試著猜猜看：這張圖表究竟要表達什麼？**

從縱軸來看，我們可以得知數量有 200 萬～250 萬臺；還有，自 2014 年起，開始顯示下降，到了 2020 年，則下降得更快了。

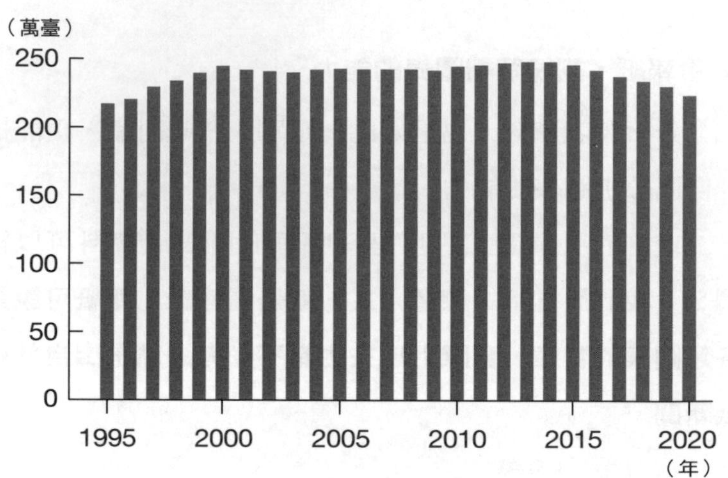

※引用：https://digital.asahi.com/articles/DA3S15197665.html

當時，班上共有 20 名學生，我們就像是益智節目一樣，要同學們試著自己思考。之中，有人猜電玩主機，也有人猜卡啦 OK 等，但最後只有一個人答對。

答案是：「自動販賣機」。

如何？想像自己是益智節目的參賽者，是不是就會變更加認真了？

同樣的，如果是跟同學一起猜題，就能讓孩子激發出更多潛力。

「為什麼你會這麼想？」

「因為 2020 年的時候，數量更明顯下降了，我想說是不是因為疫情打擊，所以影響機器生產……。」

「看起來從 2000 年起數量就沒有再繼續成長，也就是說，這項機器已經進入停滯期了吧？」

像這樣，你一言、我一語，處在這樣的氣氛中，自然會讓人變得更加認真。

有些比較敏銳的讀者或許已經發現，這個方式就跟讀書會是一樣的道理。**透過對話，最能有效加深思考。**

3 個問題，分析圖表的訊息

在課堂上，我們還會進一步要求同學做更深入的思考。下列為思考的 3 項重點：

◆ 為什麼會這樣？

在分析圖表的內容時，可以同時想一想：為什麼這個圖表會這樣呈現？

比方說，為什麼 2020 年自動販賣機的使用數量下降了？「因為新冠疫情的影響，要避免群聚，因此原本人潮密集的地點，反而銳減；或是人們減少出門，變成定期去超市採買，這類的答案應該很容易就能推論出來。

◆ 接下來會怎麼發展？

這張圖表接下來會有什麼樣的發展？在課堂上，大部分的同學都認為數量會持續下降。

理由除了消費者已經注意到，其實自動販賣機的價格比超市還要貴之外，還有人**結合自己學到的知識**，提出「因為日本的人口將會持續減少」這樣的答案；也有同學說，是因為疫情趨緩，勞工可以回歸職場，也就不需要自動販賣機了。確實，新冠疫情的影響不容忽視，這個答案也算是一針見血。

◆ 該怎麼做，才能有所改變？

以這張圖表來說，一開始，同學們很快就說不可能增加，但是我鼓勵大家，說：「試著發揮創意想想看，這是你們表現的大好機會！」、「這題沒有正確答案，大家不用擔心啦，最好想些大人們想不到的誇張答案來吧！」就這樣，同學們開始一一發言。

「製作價格超便宜的自動販賣機！」
→「不錯喔，那要賣些什麼？」

「快要過期的飲料，就用很便宜的價格賣出去！」

→「這也算是 SDGs[3]！那多久算快要過期？」

「也可以賣食物！」

→「平常看到的都是零食販賣機，要賣些什麼，才會讓人看了忍不住想買？」

「賣超級便宜的公仔！」

→「這個很有趣喔！不過，你覺得賣公仔能增加幾臺？」

就像這樣，各式各樣的意見紛紛冒出來，老師除了一一給予回應，同時也因受刺激而使思考變得更深入。

最重要的是，在討論的過程中，孩子們的反應越來越熱烈。即使原本對自動販賣機不怎麼感興趣的人，後來也加入了討論。

這就是透過對話，來思考圖表。請試著和孩子一起找找有趣的圖表資料，然後就當作是在玩益智遊戲一樣，讓孩子想想看、

3　指的是聯合國永續發展目標（Sustainable Development Goals，簡稱 SDGs），包含消除貧窮、減緩氣候變遷、促進性別平權等 17 項目標，指引全球共同努力、邁向永續。

猜猜看；彼此的互動越多越好。

當然，熱烈討論之餘，也要專注於分析圖表資料，小心不要離題了。

CHECK 仔細閱讀圖表資料，仔細分析隱藏於其中的訊息，並進一步思考。

5 親子一起寫 200 字作文

在新型考題中，也有部分學校要求考生寫出自己的想法或經驗。

其實，日常生活中並不乏表達自我的機會，例如：在分組活動中，必須與同學討論、表達自己的想法；有些老師也會在課程結束後，要求學生寫心得。此外，至今仍有不少學校把課外讀物當作暑假作業。

既然如此，為什麼之前的考試較少這類考題？

其實，這是因為**計分不易**的關係。公開考試的答案，其評分標準必須非常明確且具公平性。但是，這種題型的答案，往往很難有明確且公平的計分標準，而且改考卷的過程也非常耗時、耗力，故以往並不流行出這類的考題。一直到 2022 年，日本大學入學考試的共同科目，才導入了論述式題型（按：類似申論題，普遍見於臺灣大學考試、國考）。

話說回來，其實在社會上，**用有邏輯的論述方式，來表達自己的想法及經驗，是每個人都非常需要的能力**。尤其是現今社會 M 型化，表達能力及對話能力，可說是越來越重要。

有鑑於此，私中入學考試的規模雖然不比大學考試，但增加論述類型的考題或許仍然是可行的。儘管這只是我個人的想法，不過，對於出題的學校來說，具挑戰性的考題，確實也有招收優秀學子、搶得先機的優勢。

表達意見，從 200 字作文開始

面對這樣的新趨勢，家長和孩子該怎麼應對才好？最簡單的方法，就是挑戰寫 200 字作文。每一次上課的最後，我們一定會讓同學們挑戰寫 200 字作文，寫完的人才可以下課。

什麼是 200 字作文？簡單的說，就是「**針對某個主題，以 200 字左右的篇幅陳述自己的意見**（字數沒有強硬限制）」。

重點是，必須在 200 字內寫出自己的意見及理由。畢竟若是寫不出理由，就談不上是一篇有邏輯和條理的論述文章。

如果孩子表示自己連 200 字都寫不出來，可讓他參考作文的基本架構：① 意見→② 理由→③ 經驗→④ 結論。

① 意見：對於〇〇，我的意見是贊成／反對（肯定／否定）。我的想法是……。

② 理由：我會這麼想，是因為……。

③ 經驗：我曾有過〇〇的經驗。

④ 結論：所以我認為……／未來我會……。

以下是兩篇具體範例。第一個範例的題目是：「你喜歡的東西是什麼？」僅僅只是回答自己喜歡什麼，也可以成為一篇完整的論述文章。

作文練習題：你喜歡的東西是什麼？

假設孩子的答案是足球，依照基本架構的四個步驟，可以寫成以下作文。

我喜歡的東西是足球。 **→①意見**

因為球踢進球網，也就是進球的瞬間，那感

（接下頁）

覺真的是非常棒。 →②理由

身為足球隊員的我，在上個星期日參加社團比賽，對手是鄰鎮學校的隊伍。到了比賽下半場的時候，雖然我已經很累了，但是我依然很拚命的奔跑、截球，後來終於把球踢進球網。進球的當下，我覺得所有的疲勞頓時煙消雲散了。 →③經驗

今後，我也要繼續努力練習踢足球，將更多的球踢進球網。 →④結論

（200 字內）

只要按照這 4 個步驟，就能寫出完整的論述文章。接下來，讓我們來挑戰「表達自己立場」的作文題目。

贊成／反對、肯定／否定，用作文表達自己的立場

「你是否贊成運動會要與其他學校聯合舉辦？」對於這項題目，你的立場是什麼？以下為範例。

我贊成運動會要與其他學校聯合舉辦。**→①意見**

因為我認為，這麼做可以讓我認識很多新朋友。**→②理由**

以前我參加游泳社的團體訓練營時，認識了就讀隔壁學校的同學，名叫早織。我和她第一次見面的時候，雖然感到很緊張，但因為分在同一組，我們一起游泳，然後慢慢的越聊越多。能夠認識新朋友，真的讓我感到很開心。**→③經驗**

所以，我贊成與其他學校一起舉辦運動會。**→④結論**

（200 字內）

寫作文的訣竅

看完上述兩篇範例，你是不是也覺得沒有很難？

練習寫 200 字作文，有下列 3 個好處：

第一，降低寫作文的門檻。

儘管大多數的孩子都不太會寫作文，但是當他們聽到只要寫 200 字就好，通常都可以接受。

剛開始的時候，一個月寫一次也沒關係。就我的經驗而言，只要持續讓孩子寫 3～5 次的 200 字小作文，就能看出成效。

第二，學會掌握邏輯論述的基礎。

邏輯論述的基礎，就在於結論及根據。陳述自己的經驗也是一樣，加上根據來做補強會更理想。掌握住邏輯論述的基礎，對於寫作能力、閱讀能力，還有口語表達能力（例如簡報），都會很有助益。

第三，喚醒自己曾經歷過的經驗。

孩子成長的每一天，其實都在累積各式各樣的經驗，如果沒有將這些經驗化為文字，那麼這些經驗很容易就會被淡忘。

200 字作文就不同了，因為大多是在寫自己的經驗，所以同時也能夠增加日常取材的能力。

不過，不少孩子在剛開始會覺得什麼都寫不出來，因此，家長應盡量一步一步的引導，例如：「**什麼時候發生的事？**」、「**發生的地點在哪裡？**」、「**誰跟你在一起？**」、「**你們做了些什麼？**」、「**怎麼變成那樣的？**」、「**你的感覺是什麼？**」藉由喚醒孩子的記憶，其經驗才會變得越來越具體。

等到孩子越來越習慣，就能夠揮灑自如了。

不要太在意字數，先從 50 字開始

雖然有些孩子可以一口氣寫下 200 字，但也有些孩子做不到。若是這樣的話，可以先寫 50 字，接下來再慢慢增加至 100 字。

此外，比起字數多寡，更重要的是，讓孩子練習將內容寫得完整，例如：**一篇作文至少寫出兩個理由、完整寫出自己的經驗等**。

寫作文，不要跟孩子計較太多

第二，在孩子建立起自信之前，不要跟孩子計較小地方。很多家長在看孩子的作文時，忍不住會說：「這裡用錯修辭了吧？」、「這是口語，作文不能這樣寫！」、「這邊加個接續詞比較好吧？」這類糾正的話語。不過，在孩子習慣寫作之前，請家長務必忍耐。

比起糾正，我們更希望家長可以多說鼓勵的話語。

「你寫得很認真！很棒喔！」

「你可以寫到 100 個字了，很棒喔！」

寫錯字、主詞錯，一定要立刻糾正

雖然我們希望家長能多給予鼓勵，但有些錯誤不糾正不行。那就是，**寫錯字、主詞用錯**。

這兩項錯誤，請家長務必即時糾正。

不過，倒也不必太過說教，可以輕鬆的說：「你記得這個字怎麼寫嗎？」若是孩子實在想不起來，家長也可以直接示範給孩子看。

畢竟這是作文練習，不是在練寫字，讓孩子喜歡上寫作文，才是我們的首要目標。至於主詞用錯，也建議用輕鬆的方式提醒孩子，或是家長親自舉例說明即可。

「你記得這個字怎麼寫嗎？」

「是這樣寫喔！」

孩子寫不出來，家長要多發問

孩子苦無靈感的時候，家長請放寬心；**只要孩子能夠用說的，就沒問題**。我認為，只要說得出來，就寫得出來，家長可以扮演類似記者的角色，用提問的方式來引導孩子。

「你覺得怎麼樣？」→意見

「為什麼你會這麼想？」→理由

「你曾有過相同的經驗嗎？」→經驗

光是親子這樣對話，就能讓孩子理解寫作的基本架構。最後家長只需要臨門一腳，告訴孩子：「你就照你說的那樣子寫，就可以了！」

當然，最好由家長帶著孩子一起寫，這對於不擅長寫作文的孩子來說，是最有效的鼓勵。

作文的題材不設限，寫什麼都可以，例如：「家族旅行」、「家庭聚餐想去哪家餐廳」等。一起看電視時，若剛好有有趣的新聞，也可以當成作文題目。總的來說，日常生活中的對話與寫作，都是可以提升自主思考、練習分享經驗的大好機會。

剛開始練習寫作的時候，不需要拘泥於字數或文法，鼓勵孩子願意多寫才是重點！

6 芝麻開門記憶法

最後，讓我們來聊聊記憶的方法。或許有人會質疑：「既然現在都是新型考題了耶，還需要背誦嗎？過去的傳統題型才需要吧？」

請回顧一下本章節所列舉的考題。在理解陌生規則及文脈的同時，也要陳述自己的想法；但其實，若無法將自身經驗、想法與自己學到的知識結合，那麼終究無法順利作答。

也就是說，如果沒有將學到的知識牢記下來，那麼不管是面對傳統考題或新型考題，絕對都無法得到好的成績。唯有具備基礎知識，才能夠擁有思考力。

背起來，表達、考試都過關

話說回來，背誦到底有多重要？

就讓我來告訴各位家長背誦的好處吧！

「把課本上的知識背起來，可以幫助孩子面對任何考試難題。」

「擁有各種知識，能夠幫助孩子更順暢的表達自己的想法。」

但這些好處，光用嘴巴講給孩子聽，孩子的行為多半不會有什麼改變。

此時，不妨試試看以下更具體的方式。

在門上貼便利貼，背面寫下答案

這個妙招就是，「芝麻開門記憶法」。家長只需要準備便利貼就可以了。就像是益智遊戲節目一樣，在便利貼的正面寫下題目，背面寫下答案（也就是希望孩子背起來的東西）。

那麼，寫好的便利貼要貼在哪裡？不是貼在牆上、也不是貼在書桌上。答案是，貼在門上。

至於遊戲規則很簡單，就是：**孩子必須答對便利貼上寫的問題，門才可以打開**。

千萬別小看這個遊戲，若是把便利貼貼在廁所門上的話，那效果可說是出奇的好。因為急著上廁所的時候，往往最能激發潛能，不管要記什麼，一定都能立馬背起來！

這個遊戲方式的好處非常多。例如，透過問答遊戲將答案寫在便利貼上，也能練習揣摩出題老師的想法。因為都是先知道答案，再反過來寫出對應答案的題目。

再者，透過手寫也能加深記憶、強化大腦輸出。當孩子能成功說出正確答案時，就代表真的有背起來了。而且，貼在一天會出入好幾次的門上，等於一天就有好多次輸入／輸出的機會，我們對於知識的記憶相對就會越來越牢固。

「如果一天之中，全部的題目你都能答對，那就把便利貼通通換掉。」

「媽媽要突擊抽考，如果你能答對的話，那就可以把便利貼撕掉。」諸如此類，每個家庭都可以彈性制定自家的遊戲規則。

這個**芝麻開門學習法**，是我們在參加東京大學入學考所想出來的方法，**連應付大學入學考試都很有效果**。

CHECK

將課本內容變成題目，不只能加深記憶，也能揣摩出題老師的想法。

第六章

一句話神救援，
孩子寫作業不拖拉

1 鼓勵的話，更要好好說

在這一章，我們將介紹家長如何幫助孩子培養自主學習、思考、找出答案的具體做法。重點有以下兩項：

- **用激勵話語，加速孩子的學習。**
- **整頓環境。**

不管是什麼樣的孩子，聽到家長的鼓勵時，學習的欲望都會被激發；反之，若是聽到消極負面的話，學習欲望就會整個低迷不振。接下來，我們將說明家長該怎麼引導，對孩子的幫助最大。

另外，根據地點的不同，學生的態度也會產生變化，例如使用手機的時間與地點就不可不慎。家長務必要多加留意，為孩子打造一個可以集中注意力用功學習的環境。

想想你平常對孩子說過的話，試著用更積極正面的方式表達！

2 一邊稱讚，一邊偷渡「目標」

我們經常會聽到有家長表示：

「我找不到孩子有哪裡值得稱讚。」

「如果什麼都稱讚，他就會變得愛撒嬌、耍賴了。」

「刻意去稱讚孩子，會造成反效果吧！」

到底為什麼要稱讚孩子？

請參照前面的經驗學習理論（第 57 頁），稱讚也就是鼓勵，其實有以下兩項重要的意義：

① 藉由稱讚、認同孩子的行為，激發其行動力。

② 當孩子付諸行動時，家長可以明確的說出孩子的優點。

正如我們在前面所介紹的，打造一個讓孩子可以放心去做的環境，是不可或缺的重點。

第一步，就從觀察孩子做了什麼、正在做什麼開始。

這種讚美，才是神救援

稱讚孩子的訣竅有以下 3 項。

孩子主動挑戰，就要稱讚

第一個訣竅，就是「觀察」，尤其要注意孩子的變化與持續。

當孩子主動挑戰某些新方法時，就是家長給予稱讚鼓勵的大好時機；又或者是，儘管孩子沒有什麼特別的變化，但當孩子能持續某個好習慣時，為了讓孩子持之以恆或更有動力，這時往往也很需要稱讚。

首先，我們先針對孩子的變化做說明。

基本上，這時期的孩子常常會主動告訴爸媽自己在學校發生了哪些事。因此，當你聽到孩子說：「因為～所以我才這樣做～」、「為了～所以我～」這些話時，請盡量給予認同。

想要察覺孩子的變化，就得先了解其日常生活。

例如，孩子在開始念書之前，會先把筆袋放到桌上、翻開筆記本、最後才把課本拿出來，若你觀察到孩子每天都會固定這麼做，你就可以問：「為什麼順序是這樣？」

若孩子並沒有什麼特別的想法或意思，那也無妨。因為光是把問題聽進去、思考然後再回答，這對孩子來說就已經很有意義了。

切記，當家長從平常就會觀察孩子，要察覺孩子的變化，自然是輕而易舉。

對於孩子持續在做的事盡量給予鼓勵，也是一樣的出發點。

透過稱讚，孩子會因為被大人肯定，進而產生自信心與自我肯定感。

而且，家長觀察孩子的行為變化，如此也能成為孩子積極行動的原動力。

一邊稱讚，一邊用目標引導

第二個訣竅，就是「循循善誘稱讚法」。也就是**在稱讚孩子的同時，「偷渡」家長希望孩子達成的目標**，用讚美加引導的方式來循循善誘。

這麼做的好處是，孩子會越來越有自信及動力來完成目標。

圖表 6-1　稱讚的比較

孩子的行動	普通的稱讚	循循善誘稱讚法
考試得到好成績	你好棒！你很努力！這樣的結果很好！	你這次真的很努力！下次考試如果也能考這麼好，那就更棒了！
早上有準時起床	你好早起喔！你現在可以自己起床，真的很棒！	你真的很努力，如果明天也可以早起，那爸媽就輕鬆多了！

記得，在稱讚孩子的時候，**循循善誘的目標必須具體**。姑且不論孩子之後是否能做到，建議家長先**以鼓勵孩子實際採取行動為重點**。

「你這次真的很努力！下次考試如果也能考這麼好，那就更棒了！」

「你真的很努力，如果明天也可以早起，那爸媽就輕鬆多了！」

「〇〇你好早起喔！你現在可以自己起床，真的很棒！」

一直說好棒，就會變敷衍

第三個訣竅，家長的讚美詞彙要多元化。光是一直說「好棒」、「好厲害」，效果非常有限，久了孩子也會聽膩。除此之外，要是稱讚得太刻意，非但沒有效果，孩子也會覺得家長虛偽。

例如，平常總是很冷靜的爸媽，突然很浮誇的對孩子說：「我太感動了！」孩子反而會覺得莫名其妙。

首先，請家長多多嘗試不同的讚美詞彙，然後再從中挑選出自己可以自然說出口的詞彙，並且練習說說看。

例如，當你想用一句話稱讚孩子的情境，你腦中會浮現哪些詞彙？將你所想到的詞彙寫下來，若你覺得不會感到難為情，那就實際說說看吧！

「很好！」、「好棒！」、「太讚了！」、「了不起！」、「原來是這樣！」、「佩服你！」「你狀況很好喔！」、「超強！」、「我好驚訝！」、「你很努力！」

「這麼難的問題，你居然答對了！媽媽真佩服你！」

「原來是這樣，媽媽都沒發現到！」

「看你這麼專心，你狀況很好喔！」

「你每天都很認真在練習算術，你很腳踏實地喔！」

「今天用功很累了吧？你很努力喔！」

CHECK

從日常生活中觀察孩子，察覺到孩子的變化時，就算只是小事也沒關係，請大力稱讚孩子吧。

3 少說「你應該」、「我們要」

稱讚孩子時，還有一個訣竅，那就是「主詞要明確」，很清楚的說出「我覺得」，如此才能真正將稱讚孩子的心意傳達出去。

提醒範例

「看你這麼專心在寫功課，我覺得你很棒！」

「你能發現自己算錯了，而且還很努力想要改正，我覺得很欣慰！」

「講好幾點開始要用功，你有做到！我覺得很感動！」

由於口語的特性，我們在說話時經常都會省略主詞，「我」或「你」有時並不會出現在句子中，例如：「（我覺得）很好」、「（我覺得）很感動」等。

其實，就想成英文的「I」，當你希望你說出口的稱讚能夠讓對方真正感受到，將「我」這個主詞明確的說出來，稱讚的效果才會好。

「你那漫不經心的態度，讓我很難過。」

「看到你讀書這麼專注，我好高興。」

像這樣，就能明確的傳達心意了。

若主詞為「你」（You）、「我們」（We）時，又會帶給聽的人什麼樣的感受？

「我們不可以再這麼漫不經心了。」

「你應該改改那漫不經心的態度。」

「我們要集中精神。」

「你應該要集中精神。」

這聽起來很像在指責對方，對吧？**用「我們」當主詞時，會帶給別人一種強迫的感覺；而用「你」當主詞時，則會讓對方感覺自己正在被指責**。因此，面對孩子時，要少說「你應該」、「我們要」，才能避免造成反效果。

CHECK

稱讚或與孩子溝通時，家長要明確的用「我」開頭，意思才能清楚表達。

4 陪讀，也要見人說人話

經常會有家長來找我們諮詢：「我真的不知道該怎麼稱讚孩子！」

所謂的稱讚，就是要在對的點說對話。那什麼才是對的點？

說穿了，就是「**孩子希望自己被稱讚的地方**」。

比方說，孩子原本不拿手的科目考試成績終於有了進步；像這種時候，其實很多孩子都希望家長能主動發現並且稱讚自己。接著，請看以下這張圖表。

圖 6-2　依照目標、過程導向，學生分 4 大類型

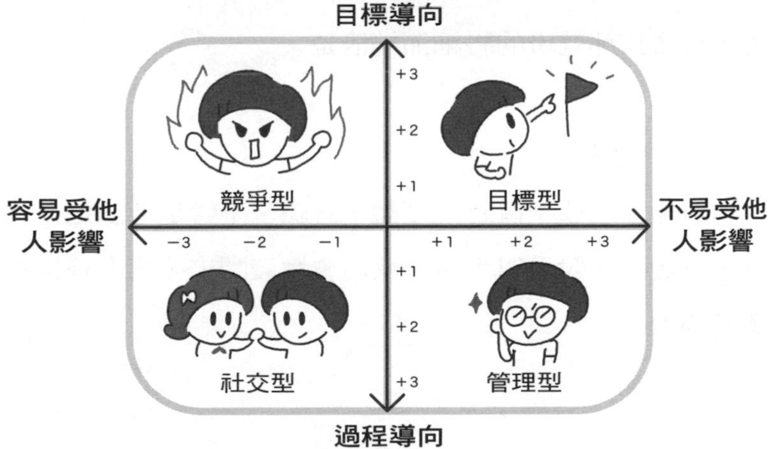

我們將學習型態概分為 4 種，並依據孩子個的性，分別列出可行的方法。

縱軸代表在面對學習事物時，孩子是朝向目標前進（目標導向），還是習慣按部就班的過程導向；橫軸則代表是否容易受到他人影響。

以下，我們就針對這 4 種類型，來做進一步的說明。

- **目標型**

擅長朝著明確目標前進，會自己在心中擬訂計畫，用自己的步調朝向目標邁進。

- **管理型**

這類型的孩子會全心全意的投入於自己感興趣的事物，比起達成目標，他們更重視過程；遇到自己不懂的地方，也會按部就班的將細節搞清楚。

- **競爭型**

這類型的孩子擁有高度競爭意識。不管是考試還是比賽，身邊出現競爭對手時，反而會激發鬥志，全力往目標衝刺前進。

- **社交型**

這類型的孩子喜歡和同學分工合作，也很喜歡幫助同學；當孩子自覺必須為了別人努力時，反而可以激發出更多的潛能。

育兒，也是見人說人話

面對這 4 種個性的孩子，最有效的稱讚方式如下：

- **目標型**

重點放在：如計畫般進行，順利達成目標。

「你的進度都照著計畫進行，你很棒喔！」

「果然就跟你的計畫一樣，這次的考試成績比上次還要好！」

- **管理型**

重點放在：深入學習、靠自己獲得更進一步的知識。

「這個方法是你自己想到的嗎？」

「這個好難，連我也不太懂。你可以教教我嗎？」

- **競爭型**

容易被對手激發起競爭意識，重點在「分出勝負」。

「說到國語，你可是班上的第一名呢！」

「你一定是班上最認真上課的學生吧！」

- **社交型**

重點放在「待人接物」、「人際關係」。

「看到你這麼努力，我也不得不認真了。」

「大家看到你這麼認真的樣子，一定也會感受到你的努力！」

你家的孩子是屬於哪個類型？當然，孩子的個性千百種，這張圖表不可能全部囊括。頂多只能說「這孩子有〇〇〇類型的傾向」、「這孩子感覺有〇〇〇及〇〇〇，兩種特質」。我們會建議家長仔細觀察孩子的個性，再搭配這張圖表做參考。

CHECK 仔細觀察孩子的個性，重點出擊！

5 越碎唸，孩子越不買單

孩子的個性千百種，家長當然也是一樣。當家長與孩子的個性差距很大時，更需要避免雙方因認知落差，導致反效果。

目標型（家長）vs.管理型（孩子）

「你不是很拿手〇〇科目嗎？那就用一樣的方式加強弱科啊！」

「啊就不一樣的科目，是要怎麼努力………↘」

競爭型（家長）vs.目標型（孩子）

「聽說你們班上的〇〇同學，成績拿到A耶！」

「就算你拿我跟他比，我也不會比較努力……↘」

管理型（家長）v.s.競爭型、目標型（孩子）

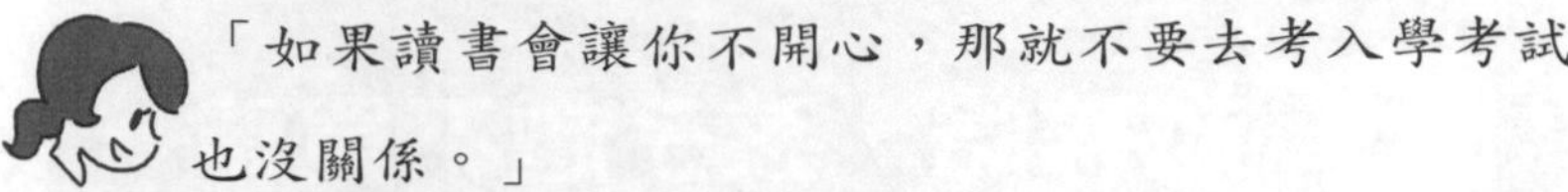

「如果讀書會讓你不開心，那就不要去考入學考試也沒關係。」

「人家明明就想去考、想要有目標努力的說……↘」

社交型（家長）vs.管理型（孩子）

「你的成績有進步，多虧〇〇老師！他很厲害！」

「我也很努力啊，怎麼就不稱讚我……↘」

儘管這些是刻意比較出來的對話範例，但實際上，確實有不少家庭都有類似的情形。

依據孩子的個性與當下狀況，選擇應對方式

我們要再次強調，所謂的個性分類，只是一個概略的參考。不論是家長或孩子，每個人都有屬於自己的個性，絕對不是一張圖表就可以概括的。因此，親子相處的時候，必須依對方的個性及當下的狀況來稱讚，以免造成反效果。

例如，不少孩子面對數學時，是管理型；但在面對不擅長的社會科時，又會變成競爭型。

家長應以注意認知落差為前提，經常觀察孩子的反應；**若目前的提醒方式，孩子不太買單，那就要趕快換別種方式**。換言之，家長必須保有靈活應對的彈性。

此外，尤其要避免擅自貼標籤，甚至以刻板印象認定對方。

假使你的孩子不在上述分類之內，那麼參考上下軸的目標導向及過程導向，也能有十足的效果。請你先回想一下，自己的孩子比較偏向哪種類型？

重視目標的孩子，代表他會很關心結果，同時也會傾向擬訂計畫去達成目標；重視過程的孩子，代表他傾向按部就班，一步一步做完之後再深入思考，因此越接近目標，就越有機會爆發潛力。

以上訣竅與指標供各位家長參考，相信一定能幫助各位家長更加了解與孩子說話時的技巧。

不要先入為主貼標籤，親子彼此的個性不同，就要選擇適合的說話方式！

6 家長要像「記者」

當孩子有好表現時，家長要變身為採訪記者。

例如，孩子主動說起「我今天考試考滿分」或「我今天考試沒考好」時，家長就可以藉此展開對話。

下列為兩項重點：

① 針對孩子的表現，問他是怎麼做到的。這是為了強化孩子口語表達的能力。

② 以不強迫的方式來鼓勵孩子開拓視野，有好的方法就鼓勵他持之以恆，同時也讓孩子自己去思考是否還有新的方法。

訪問例 ①

「我今天國語拿滿分喔！」

「好厲害喔！你有什麼訣竅嗎？」

「其實，我只是在考試前有稍微多用功一下啦。」

「原來如此，所以是利用早上的時間用功囉，你很棒喔！」

「還好啦，既然要做就好好做嘛。」

「真了不起，那以後也會繼續這樣做吧？」

「我覺得這樣做很不錯啊，應該會繼續喔！」

訪問例 ②

「這次的週考，我的偏差值超過 50 了！」

「好厲害喔！上一次是多少啊？」

「上次才 45，這次提升了 5！」

「跟上次比，你進步了！繼續努力的話，下次應該可以進步到偏差值 55 吧？」

「哪有那麼容易啊！不過，我希望可以先好好維持在 50。」

「也是，確實沒有那麼容易，可以維持在 50 已經很棒了。」

「對啊，如果我真的可以達到偏差值 55，妳一定會嚇到！」

「不過，我還是希望你可以以 55 為目標，再繼續好好努力喔！」

當孩子有好的表現時，正是激勵孩子的大好時機。記住，當孩子有好的表現，家長就可以化身記者採訪，藉機好好鼓勵孩子。

CHECK 了解孩子為何有好的表現，並鼓勵孩子堅持下去。

7 兩步驟，主動檢討考試成績

當孩子表現不佳的時候，訓練孩子培養良好習慣，是解決未來面對問題的大好機會。但我們也發現，實際上有許多家長在面臨孩子成績不好時，會有以下反應：

「為什麼你沒有照著做？」

「我不是告訴你不可以偷懶嗎？」

「我早就知道會這樣！」

令人意外的是，有很多家長都會有這樣的情緒性發言。就我們的經驗來說，當孩子表現不好時，又聽到家長說出這樣的話，最痛苦的其實就是孩子。

因此，我們建議家長，應該要利用這樣的機會，特別針對考試，與孩子一起召開檢討考試的會議！

避免情緒性發言的訣竅

檢討考試有以下兩個步驟：

① 反省準備考試的方式。

② 思考如何培養良好習慣。

首先，我們需要針對考試的結果來反省。這裡要注意的是，如果家長只會對孩子說：「我不是跟你說過，要認真準備考試嗎？」或「下次你要考更好的成績才行！」這種反省就太流於表面了。

正確的反省方式，是回顧準備考試的過程。具體來說，就是從頭開始重新思考：如果時光可以倒流，回到考試之前，你會怎麼準備？

反省準備考試的方式：正向提問

例如，補習班發回考卷後，爸媽就可以從考試範圍開始逐步引導孩子反省：「這個題目是從哪裡出來的？」、「為什麼會寫錯？」、「該如何解題，才能答對？」

每一個環節的反省與反思都非常重要。

① 考試範圍：「這個題目是從哪裡出來的？」

② 考試的題目：「為什麼會寫錯？」

③ 正確答案：「該如何解題，才能答對？」

像這樣，反省具體、明確的事項，孩子對於今後要採取的改善方式，才更能感同身受。

孩子偶爾可能會對此感到不耐煩，或是回應的很敷衍，導致家長也會煩躁不悅。

這種時候，我們呼籲家長更要堅定的鼓勵孩子。例如：「**你有發現到錯誤，很好啊！**」、「**你說下次會改進，那要說到做到。**」像這樣，用積極正向的態度來提出反問，引導孩子真正反省，提振精神繼續前進。

思考如何培養良好習慣

如果孩子已經可以自己反省，那麼接下來就可以針對考試來擬訂作戰策略。

很多孩子就算想要努力，卻不知道具體的做法，若缺乏家長的引導，那就很有可能無疾而終。

因此，請家長務必與孩子一起討論，並且要是真的可以落實執行的方式，而非開空頭支票、空口說白話。

對話範例

「我這次國語考試錯好多。」

「真的！你這次在考試前有好好準備嗎？」

「考試前一天我有念，但還是記不住。」

「這樣啊，那下次考試之前，你覺得該怎麼做才能改進？」

「我會試著多花一點時間去準備。」

「很好啊，那你想要怎麼分配時間？」

「比如每天多花 10 分鐘之類的。」

「嗯嗯，既然你都說了，那就要做到。**你想要在什麼時候念書呢？**」

「唔——」

「早上跟晚上，哪時候你比較想念書？」

「晚上比較好。」

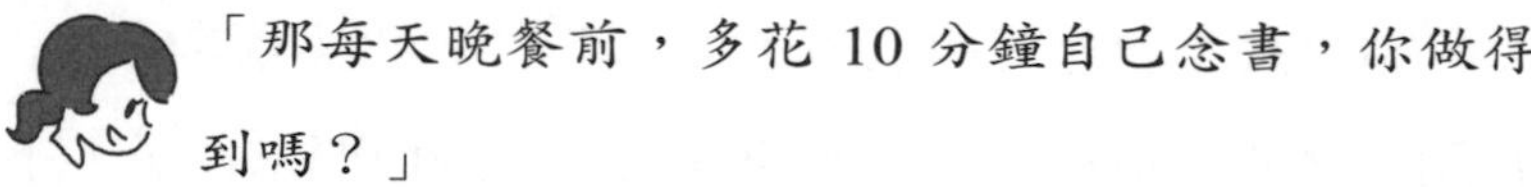

「那每天晚餐前，多花 10 分鐘自己念書，你做得到嗎？」

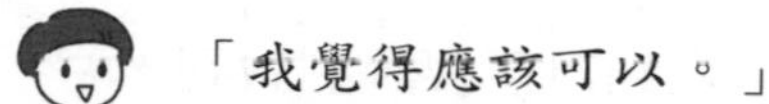

「我覺得應該可以。」

「好喔，那就先這樣執行看看吧！」

列出不做的事，孩子更能專注

在日常生活中，一定有很多事情是不做，反而更能集中精神用功。當家長與孩子一起反省時，就是列清單的最好時機；這同時也是幫助孩子戒掉壞習慣的大好機會。

家長可以試著問：「你覺得該怎麼做，讀書才能集中精神？」

然後，讓孩子試著一項一項的寫下來。

- 打電動不能超過 30 分鐘。
- 一邊聽音樂，一邊念書。
- 念書的時候，要把手機放在客廳。

請家長不要急著糾正孩子：「下次不可以再這樣！」在開罵之前，請務必忍住。與其由家長開口要求孩子，不如讓子女自己想、自己說出口；如此一來，孩子才會對你的建議產生認同感，也會更意識到自己要說到做到。

不過，孩子的想法有時會與家長落差太大，或是某些事情可能家長覺得不做比較好，但偏偏孩子就是當沒看到。這種時候，我們建議家長可以說：「**我可以提一個意見嗎？**」

這句話的重點在於，家長是站在輔導的立場來提參考意見。還有，**既然是提一個意見，千萬不要又趁勢提了二個、三個意見。**

孩子完全不在乎課業，該怎麼辦？

當然，也有些狀況是家長覺得必須重視，孩子本人卻不以為意。其實，若孩子對成績不在意，那就代表他根本不想認真讀書。

在這種狀況下，家長對孩子生氣是沒有任何意義的。倘若孩子本身並不想讀書的話，家長越是斥責，只會越激起孩子的叛逆意識。

此時，請參考本書第225頁的內容，不是只有在孩子表現好時才給予稱讚，而是從日常生活起就可以多用鼓勵來循循善誘孩子，讓孩子一點一滴改變。

CHECK　**召開作戰會議，重新檢視孩子的念書方式！**

8 把平板電腦當教材，成效高

因為新冠疫情的影響，使用平板電腦已越來越常見。而我們也可以預見，數位裝置的學習未來只會越來越普及。平板的優點是，做完評量後可以很快計算出分數；不僅畫面有趣、影片動畫及各種插畫、圖片，也都很豐富。如果能夠好好運用，必定能成為孩子學習的重要媒介。

只不過，平板並非萬能，有些家長甚至會有過度依賴平板的心態，因此，我們還是要再提醒一次——**平板其實跟評量本、習作本一樣，都是教材之一**，孩子是否能夠過這些教材來獲得學習的成果，才是需要注意的部分。

使用平板時，有以下 3 個注意事項。

① 教材的內容是否符合孩子的程度？

② 使用平板的時間是否適當？

③ 確認孩子是否真的有學到？

確認教材的難易度

首先，請先檢查教材的內容是否符合孩子的程度。難易度大概是**答得出的問題占七成，答不出的問題占三成**就可以了。

平板教材的最大優勢，就是可以讓學生們自己學習。

但反過來說，平板教材也有缺點——「操作過程太簡單，孩子很容易獲得滿足」、「就算根本沒搞懂題目，但有操作就誤以為自己已有進步」。

要化解這些缺點，其實就是家長好好把關教材的內容，並確認教材是否符合孩子的程度就可以了；或是由家長主動詢問：「這個對你來說太過簡單了嗎？」。

規定使用的時間

接著是規定使用平板的時間。透過平板，可以將很多有趣的元素融入到學習之中，讓念書變得像玩遊戲一樣好玩、有趣。

確實，這是鼓勵學生維持學習動力的優點，但缺點就在於，有些學生可能會因為覺得好玩，反而花費過多時間在使用平板。

如果孩子花費太多時間在平板上，請家長務必規定孩子使用平板的時間，避免造成時間分配不均，導致影響其他生活常規與學習。

確認孩子能否吸收所學

最後，要確認孩子能否吸收所學。誠如先前所述，平板學習教材的設計，主要是讓學生產生成就感。但成就感是一把雙面刃，它在激勵孩子的同時，卻也可能會讓孩子忽略原本學習的目標，因此大人最好從旁輔助確認。

我們會建議家長可以使用其他教材來定期測試孩子。事實上，紙本考試仍是目前的主流，因此透過紙本教材（評量、習作等）給孩子考試，依舊是最能判斷孩子實力程度的方式。

需要參加小班制或個別指導嗎？

使用平板教學，還有另外一個問題：是否要參加小班制或個別指導，針對孩子不懂的部分給予加強？

事實上，不只是平板學習、在家自主學習，或是去補習班，若孩子回家後表示還有不懂的地方，家長通常都會有這樣的疑慮。

此時，我們會建議先好好分析問題的根源再下判斷。若只是時間不夠，那麼只要在家中建立起複習的習慣就能解決。只有以下兩種情況，我們才會傾向建議參加小班制或個別指導。

① 對於授課內容，孩子有很多地方都不懂。

② 希望針對步驟細項進一步的深入學習。

不論你的孩子是透過平板學習，還是固定上補習班，若他對於目前的授課內容有非常多不懂的地方，甚至是原本就對學習很不得要領，或者針對目前的課程，想要挑戰更高難度的應用題，那麼都算是狀況①。

尤其是數學，孩子往往無法靠自己的力量解決難題，**「花了一堆時間卻還是搞不懂，好浪費」——像這樣的狀況，我們就會建議可以參加小班制或個別指導。**

狀況②是，例如針對國語的作文或閱讀測驗、數學的申論題等，這種需要仔細分析步驟的特別指導。專業的老師會針對孩子的程度，個別給予適合的教學方式。尤其是面對多元題型，就必須培養孩子的觀察力、思考力與耐心，而這種時候，選擇小班制或個別指導往往能得到不錯的成效。

無論如何，這世界不存在一勞永逸的萬靈藥。活用便利的教材道具，定期檢視孩子的學習環境與狀況，才是上上策。

CHECK **定期使用紙本教材測試孩子的學習狀況！**

9 在客廳念書，讀書更專心

或許有不少人都聽過，在客廳念書的學習效果比一個人待在房間更好。但事實上，在客廳讀書並非沒有壞處，而且應該也還是有不少人認為，能夠一個人好好念書、自主學習，才是比較好的方式。

不過，中小學生的學習重點在於，「要讓讀書融入於生活」，也就是要將念書變成日常生活的一部分，因此如果過度切割，那麼就很難建立起好習慣了。

就這個角度而言，既然客廳是日常生活的重點場所，在客廳念書也就不無道理。

在客廳念書的好處？

在客廳學習的好處是，對於剛開始要建立習慣的孩子來說難度較低，而且待在客廳，家長也都能看得見孩子。這對於尚未建立起讀書習慣的孩子來說，尤為重要。

孩子在客廳讀書，大人就工作

在客廳念書的缺點也很明顯，那就是「吵」，而且很容易引起孩子分心。

大多數的人都會在客廳看電視，即便家長戴上耳機，孩子難免還是會分心。倘若家裡有較年幼的手足，那就更難控制了。

最理想的狀況是，當孩子在客廳讀書時，其他人也在客廳做自己的工作。但實際上，由於空間限制，以及每個家庭的狀況條件不盡相同，所以這個問題並沒有正確答案，仍須視孩子每個階段的成長來調整。各位家長不妨參考下列圖表 6-3，採取因應的措施。

圖表 6-3　讓孩子自己讀書

孩子的狀態	必要的協助
Z 無法自己一個人學習，也不了解讀書的重要性。	由家長陪伴，與孩子一起念書。
C 有家長陪伴的話，就可以好好念書。	最初的 10 分鐘，由家長陪孩子讀書，當孩子越來越專注之後，改成一旁觀察即可。
B 大部分的時候，可以自己一個人念書。	讓孩子自己讀書，不過要在家長看得到的場所
A 完全可以自己一個人念書。	完全交給孩子自己決定，待在房間念書也 OK。

Z、C 階段

在 C 階段以前，讓孩子待在餐桌或客廳念書，有問題就一起討論。若是客廳不方便讓孩子使用的時候，家長可以說：

「雖然我很希望你可以繼續念書，但是客廳實在太吵了，對吧？你覺得該怎麼做才好？」

觀察孩子的反應，為孩子重新挑選一個適合念書的場所。除了家裡的客廳之外，還有哪裡適合，家長可多多試探與思考。

B 階段

從 B 階段開始，可以讓孩子離開客廳、回到自己的房間念書。等到孩子主動開口表示想回房間讀書的時候，就可以放手讓孩子回房間。

值得注意的是，此時孩子說的「吵」可能有兩種意思。第一是，孩子想要更加集中精神專注，這是非常好的現象。

當孩子有這樣的意識時，代表他很快就可以從 B 晉升到 A 階段。此時，務必讓孩子回到自己的房間或是客廳以外的場所好好讀書。

但由於剛開始的時候，孩子大多無法維持一小時或兩小時，因此我們建議可以**從 30 分鐘或 60 分鐘開始，讓孩子習慣待在一個定點念書**。也有點像將孩子的房間當成是自習室，藉由慢慢拉長待在房間念書的時間，引導孩子完全晉升至A階段。

第二是，孩子不想被家長嘮叨、不想被罵。

如果是這種狀況，那就另當別論。若孩子並不是真的想自己好好念書，而是單純覺得父母很嘮叨，進而產生逃避的心態，這就是一種警訊。

這個時候，建議家長要與孩子好好溝通，同時也要繼續讓孩子待在客廳。

CHECK **為了建立良好的習慣，最好讓孩子待在客廳念書。**

10 不遵守彼此約定，就要罰

大人有必要為孩子制定使用手機的規則。儘管各位讀者的孩子應該都還只是中小學生，但我們必須說，**手機等 3C 電子產品，往往就是造成孩子成績下滑的主因**。

然而，要完全禁止使用 3C 是相當困難的，畢竟現在只有少數特殊的場合不會用到 3C。因此，為孩子制定使用規則，階段性的讓子女學會不依賴 3C 產品，這也是家庭教育非常重要的一環。

使用手機的規則如下：

① 規定使用的方式。

② 制定孩子不遵守規定會有的處罰。

③ 訂定取消處罰、可以再度使用的規則。

規定使用的方式

以使用手機的地點及時間，來制定規則。例如：「一天最多一小時」、「不可以拿進自己的房間使用」等，依照實際使用的情形來做規範。就我所知，有不少家庭現在就已經是這麼做了。

但是，一旦制定了規則，當孩子沒有遵守規定時，家長所採取的處罰往往就只有沒收這一項，結果變成「不守規定」→「沒收」→「讓孩子用手機」。如此一再重複上演，不只家長有壓力，更要緊的是，孩子無法從中學到經驗，更遑論獲得成長。

我們的重點必須放在：讓孩子明白如何正確的使用手機，並給予其自主思考的機會。

不遵守規定，就處罰

有鑑於此，事先制定罰則也相當重要。大多數人都會想到「一週內禁止使用」或是沒收這類的處罰，不過太嚴厲的處罰方式，反而會剝奪孩子自主思考的機會。

我們會建議把規則改成：**連續兩天沒有遵守規定的話，就接受處罰**。

如此一來，孩子即便第一天沒有遵守規定，但他們會得到警告，然後就會開始思考：我明天要怎麼做，才能守住規定？

制定取消處罰的規則

最後，是**讓孩子擁有可以取消罰則、重新開始使用手機的機會**。如果罰則是沒收，那麼家長希望孩子怎麼做，才可以取消罰則，建議家長與孩子一起進行討論。

「若可以在晚餐前就把功課寫完，就取消處罰。」

「早上〇點自己起床、〇點完成上學的準備，就可以取消處罰。」

透過這樣的方式，不僅能讓孩子養成遵守規定、建立生活常規的好習慣，也能避免負面循環，對家長及孩子來說都是好事。

我們在第一章也提過，人都是從經驗中學習的。規則的存在並非是為了讓人感到痛苦，而是要讓孩子從經驗中學習與成長。

有些大人在使用手機時，也曾屢屢遭遇挫折與失敗，這是因為自律並不容易。因此，我們會建議，讓孩子從小就開始學習正確使用手機的方式，總比長大以後才發現為時已晚來的好。

CHECK 透過取消處罰的規則，培養自律的使用習慣。

後記一

從「一根」筷子，養成東大思考

大家好，我是清水章弘。
我們清水家的原則就是，
困境使人思考！

「別人家是別人家，我們家是我們家。」這句話是家母的口頭禪。

我家幾乎從來沒有買過玩具。

「用家裡有的材料自己做。」

「用家裡的紙箱、剪刀、零食盒跟蠟筆，應該就能做些什麼來玩吧！」

就算我說：「可是我朋友的家裡，有很多玩具耶！」家母也會當作沒聽到。

然後，家母就會搬出「別人家是別人家，我們家是我們家」這句口頭禪，強制結束對話。

回顧起往事，我不禁會想，或許這是母親為了訓練我靠自己思考。

還有一段堪稱經典的往事。

我第一次參加學校的遠足活動，結果便當盒裡面竟然只有「一根」筷子。當時的我真的嚇到了，期待已久的午餐時間，結果一打開蓋子，發現裡面居然只有一根筷子，這是要我怎麼吃啊？

經常遇到困境、促使自己動動大腦思考、然後克服困境。這就是我們家的教誨。

雖然我是家裡三個孩子的老么，但家人似乎完全沒有寵我的意思。

「為什麼只有我會遇到這種問題？」當時的我十分疑惑。不過，現在回想起來，卻覺得十分有趣。

之後過了三十幾年，我開始經營公司，也為人父母。

在工作上，我體認到自主思考、自己做決定的重要性；**同時在育兒方面，我也感受到，讓孩子學會自主思考、自己做決定，是一件多麼不容易的事**。

而我也終於懂得感謝母親當年的苦心了。

就連在撰寫本書的時候，我都覺得這些其實就是家母當初對我的教誨：「用自己的腦袋思考，克服困境。」

不管是制定讓自己建立良好習慣的規則，或是打好基礎，面對未來的考試新趨勢，我們都必須依據自己的經驗及知識，然後不斷的探究目標（例如提升考試成績）及深入思考（例如：沒看過題目、圖表等）。

在背後一直支持著我迎接挑戰的，或許就是「困境使人思考」這再簡單不過的道理吧！

順帶一提，當年的便當筷子事件，我是怎麼克服的？

因為便當盒裡只放了一根免洗筷，我就把那根免洗筷折成兩半，這樣就可以吃便當了。

以當時的我來說，真的可以說是想了個好主意。

而我現在之所以能有所成就，或許就是因為我從小就接受了各種鍛鍊吧！

我非常感謝我的母親，儘管那是一段令人記憶深刻的時光。

後記二

爸媽神救援，孩子潛力無限

大家好，我是八尾直輝。
我們八尾家的原則就是，
追根究柢，溫柔守護！

我還記得，那是當年我剛學會九九乘法表，背給母親聽的時候所發生的事。

母親笑著聽我背誦九九乘法表，在我背完之後，她問我：「哪個數字的乘法表你背得最熟？」

我回答：「5。」

母親進一步問我：「為什麼是 5？」

我稍微想了一下，回答：「因為都是 5 的倍數。」

母親微微的笑了，她說：「7 也都是 7 的倍數呀。」

但其實 7 的乘法表是我覺得最難記的。

「7 跟 5 的乘法表明明都是一樣的，為什麼 7 你就背不熟了？」

真是個有點壞心眼的問題。

其實，我應該是要說：「因為 5 的乘法表，尾數都是 0 跟 5，所以很好記。」但當時我的表達能力還不夠好。至今每當我想起這段回憶時，都會深刻的感受到，思考、表達真的是很困難的一件事。

不過，現在**回想起來，家母其實常常像這樣追根究柢的問我各種問題**。

每一次，我都得搬出自己當時所學會的知識，才能擠出足以說明的文字內容。

而對於我的努力，母親總是非常溫柔，有時還會用十分幽默的態度來鼓勵我。

或許就是因為這份安全感，讓我常常主動和母親聊起學校的事。小學時期的我對於將棋非常著迷，每當我獲得勝利，又或者是努力發想下次可以反敗為勝的新招式時，我都會非常高興又自豪，拚命的說給母親聽。

即便我的解釋很蹩腳，母親也不會予以否定或拒絕，而是認同我的努力並且給予鼓勵與支持。所以，我常常在想，或許自己就是在這樣的成長過程中，才漸漸學會，一遇到問題，要靠自己去學習。

家長的支援，能成為孩子培育知識好奇心的力量，也能激發孩子的求知慾及想要努力的心情——我從母親身上學到這一點，現在也每天如此對待我的孩子。

本書介紹的 ZCBA 學習 4 階段，是依據孩子能夠做到的程度來分級。畢竟「知道」與「能做到」之間，其實有著很大的落差，而這張圖表就是基於我們多年來的實際經驗而誕生的精華。請各位讀者務必搭配這張圖表來靈活運用，相信一定會有所幫助。

持之以恆學習並不容易，不論遇到何種困難，相信本書一定可以為你與孩子的未來助一臂之力！

國家圖書館出版品預行編目（CIP）資料

陪小孩讀書，爸媽需要神救援：功課寫很慢、老錯同一題、上了安親班還是跟不上？東大爸爸自創高效陪讀法，不用逼，自動用功到大學。／清水章弘、八尾直輝著；黃怡菁譯. -- 初版. -- 臺北市：大是文化有限公司，2023.09
272 面；14.8×21 公分. --（Think；262）
譯自：小学生から自学力がつく!
ISBN 978-626-7328-32-3（平裝）

1. CST：親職教育　2. CST：學習方法
3. CST：讀書法

528.2　　112008437

Think 262

陪小孩讀書，爸媽需要神救援

功課寫很慢、老錯同一題、上了安親班還是跟不上？
東大爸爸自創高效陪讀法，不用逼，自動用功到大學。

作　　者／清水章弘、八尾直輝
譯　　者／黃怡菁
責任編輯／黃凱琪
校對編輯／陳竑悳
美術編輯／林彥君
副總編輯／顏惠君
總 編 輯／吳依瑋
發 行 人／徐仲秋
會計助理／李秀娟
會　　計／許鳳雪
版權主任／劉宗德
版權經理／郝麗珍
行銷企劃／徐千晴
業務專員／馬絮盈、留婉茹
業務經理／林裕安
總 經 理／陳絜吾

出 版 者／大是文化有限公司
臺北市 100 衡陽路 7 號 8 樓
編輯部電話：（02）23757911
購書相關資訊請洽：（02）23757911 分機 122
24 小時讀者服務傳真：（02）23756999
讀者服務E-mail：dscsms28@gmail.com
郵政劃撥帳號：19983366　戶名：大是文化有限公司

法律顧問／永然聯合法律事務所
香港發行／豐達出版發行有限公司 Rich Publishing & Distribut Ltd
地址：香港柴灣永泰道 70 號柴灣工業城第 2 期 1805 室
Unit 1805, Ph. 2, Chai Wan Ind City, 70 Wing Tai Rd, Chai Wan, Hong Kong
電話：21726513　傳真：21724355
E-mail：cary@subseasy.com.hk

封面設計／禾子島
內頁排版／顏麟驊
印　　刷／韋懋實業有限公司

出版日期／2023 年 9 月初版
定　　價／新臺幣 390 元（缺頁或裝訂錯誤的書，請寄回更換）
I S B N／978-626-7328-32-3
電子書ISBN／9786267328538（PDF）
9786267328545（EPUB）